長崎偉人伝

長岡《ながおか》安平《やすへい》

浦崎真一

まえがき

「造園」といえば、一般的にはどのようなことを思い浮かべるだろうか。

庭をつくる作庭家の仕事、庭を手入れする庭師の仕事、あるいは庭園用の植物を育てる植木職の仕事などを想像する人が多いかもしれない。少し詳しい人は、住宅の外構、つまり庭をはじめ玄関までのアプローチや駐車場、垣根など建物と建物あるいは道路のあいだの一切にかかる仕事や、公園または街路樹といった街の緑の仕事も思い出すだろう。さらに緑と人や街のかかわりを考えた都市計画、地域計画など、造園が受け持つ仕事は小さいことから大きなことまで幅広く、およそ緑にかかわる仕事はすべて造園といってもよい。

近年は、後者の大きな範囲を扱う造園家のことを、ランドスケープアーキテクトと呼ぶことが多くなってきた。ランドスケープは景観、アーキテクトは建築家だから景観を構築する人、造景家とでも訳すのが感覚として遠くない気もするが、造園家を訳としてあてることも間違いではない。

このランドスケープアーキテクトという言葉が生まれた十九世紀中ごろ、欧米では盛んに都市に公園がつくられていた。江戸時代の最晩期である。日本でランドスケープアーキテクトと呼ばれる職がでてきたのが最近のことであるなら、まだまだ公園とは縁遠い時代から、海外では公園がつくられていたものだ、と感じてしまいそうである。ところがそうでもないのである。日本に公園ができたのは明治六年（一八七三）のことであり、欧米で盛んに公園がつくられていた時期とわずか三、四十年しか変わらない。それどころか、神社仏閣が公園の一部の機能を担っていたし、公園のようなものであればすでに八代将軍徳川吉宗がつくっており、それ以降各地で大名が市民に庭園を開放している。明治六年にできたのは制度としての公園であり、それまでの公園的なものが、明確に公園と位置づけられたのである。

欧米から輸入された公園という概念は、明治の人々にとってこれまで慣れ親しんだ庭園や境内ではなく、まったく新しいものであった。それはある特定の権力者によって維持されるのではなく、役所が、ひいては市民自身が自らの利用のために管理をするものである。どう維持していけばよいのか、公園とはどのようなものか、誰もがこの新しい課題に直面した時代である。この時代を明快な態度で突き進み、造園の新たな考え方を示しつづけたのが長岡安平である。その考え方は当時においてのみ新しかったのではなく、現代にもそのまま通じているし、現代において再び課題となっていることにも方法を示唆している。いま、長岡安平の業績をふり返ると、日本で最初のランドスケープアーキテクトといっていいだろう。

長岡安平は大正十四年（一九二五）に没した。長岡安平という人物の名前は、一般にはまだ聞いたこともない人がほとんどで、造園の専門家にも同時代の本多静六や井下清ほどは知られていないだろう。全国的には出身地である長崎県と、長岡の最初の地方設計となった千秋公園を擁する秋田県は、民間レベルでの関心が比較的高い。秋田県では親しみをこめて「アンペイ」さんと呼ばれているそうである。

晩年の長岡安平

東京市で先輩職員長岡安平に出会い、のちに門下を自称する東京市第二代公園課長井下清は、長岡の最初の印象を「国粋主義のお茶人」と表現した。何がそう感じさせたのかはわからないが、肖像とこの言葉を並べてみるとそぐわなくもない。私も最初は仕事に厳しく気むずかしい人という漠然とした印象を持っていた。しかし井下は長岡から「センチュリー・ガーデニング」という造園にかかわる洋書を与えられたことを象徴的に取りあげ、この印象を打ち消している。確かにこの評価があてはまらないことは、長岡の設計書や遺稿集を読めばすぐにわかる。

たとえば長岡は、公園設計の節々で庭園的な要素を批判する。噴水は不必要、灯籠はそぐわないといったことや、神社の庭園改修のときにはそれまでのものを、名も知れぬ庭師が勝手にやったものだと切り捨てた。茶の湯については、長岡は自ら茶人ではないといっているが、喫茶の作法について回し飲みは衛生的でないので直ちに改めるべきだとの考えを披露している。この二つのことには共通する考え方がみいだせる。

幼少期、庭園書を読みあさった長岡は当然作庭理論については精通していただろうし、そのうえで過去の作庭書から学ぶことは何もなく、それどころかこれらが示すしきたりが自由な造庭を妨げたと評価する。茶の湯についても茶人ではないといいながら、衛生的危険を知りつつ旧態を守るために濃茶を飲み回すことを批判し、あるいは何もかもが開かれる時代であるから西洋人も参加できる改変が必要だとする。つまりそれは過去の決まりごとへの反発か、もしくは脱却といえるもので、明治維新を自ら経験し、青年時代を大村三十七士のひとり楠本正隆につきしたがっていた長岡にはふさわしい。

長岡のこうした厳しくも新しい主張を持った造園家としての人物像とは別に、手記を眺めていると、人間味あふれる長岡を知ることができる。手記はとにかく旅行中のできごとや感想などを事細かに記載しており、筆まめぶりが実によく伝わってくる。奈良県への旅行の際には当時もサクラで名高かった吉野山を訪れ、メリハリのないサクラの景色を難じ、吉野ほど有名ではない月ヶ瀬の梅林では、吉野を引き合いにだして景色の転換を褒めている。壷阪寺では義太夫『壺坂霊験記』から想起される崖のイメージと違い、実際はそれほどでなかったと感想を述べる。

これらの記述から感じるのは好き嫌いの明快さで、状況記述だけでなく自己の意見を表現しており、それが確かな教養に裏打ちされているということである。さらに、やはりこれらの意見が過去の通説を批判的にみていることにも気づかされる。よいとされるものが本当によいか、語られているものは実際にそうか、自分の体験で判断する姿勢が通底する。これらは造園家としての長岡をまとめた遺稿集からは読み取れない人間味で、無邪気さすら感じるはっきりした好みと、何に対しても一言持っている評論精神とでもいうようなものを手記は感じさせてくれる。

もくじ

まえがき 6

第一章　長岡安平の生い立ちと東京府時代……9
造園への目覚め／大村藩と長岡氏／大和国長岡に居住した縁で長岡姓に／大村三十七士／大村藩校五教館の教え／楠本正隆の足跡と長岡安平／長岡安平の東京府奉職／芝公園の整備／公園専門部署の設置／秋田県「千秋公園」の設計／千秋公園の改修設計／理想の公園像実現を目指して

第二章　長岡が活躍した時代と、日本の公園……43
明治政府太政官の「公園通達」／公園誕生にボードウィンの提言／社寺の保存と城の廃止／都市計画は外国人居留地と銀座大火から／楠本正隆知事から始まった東京市区改正計画／長与専斎衛生局長が公園計画を支援／官庁集中計画にドイツ人の知恵／西洋式にこだわった日比谷公園の設計／進む都市計画と公園事業

第三章　長岡安平、全国への躍進……67
東京府から東京市へ／広島市からの公園設計依頼／広島出張の成果／設計旅行のたびに克明な日記／公園設計図は限りなく美しい／日比谷公園計画図（案）に見る長岡安平設計図の特徴／芳川顕正と長岡安平の縁／凱旋、芝公園紅葉滝の設計／公園内の深山幽谷／高知への設計旅行／「造園家」という職能の確立

第四章　人づきあいからみえる長岡安平の人物像……………111
日本経済を牽引した財界人との交流／地方財界人の庭――得能氏庭園／尾道への設計旅行／妻とらの到着と庭の完成／華族との交流／華族の庭／眺望重視の邸宅設計／池田邸の完成／庭園と建築の調和の実現／家族――妻とらと六人の子ども／京都の名所旧跡をみて歩く／吉野山、法隆寺などをまわり帰途に／郷里彼杵へ帰省／大正二年の帰郷には休む間もない歓待

第五章　ランドスケープアーキテクト　長岡安平……………153
公園設計書／設計の着眼点と意図／設計の基本八つのポイント／公園ごとの設計意図／設計書にみる設計思想と遺稿／私邸庭園の設計思想／神社という造園空間設計／靖国神社の変遷／神社は神社らしく／計画変更の末の改修完了／長岡安平は日本初の「ランドスケープアーキテクト」

第六章　終焉と、長岡が残したもの……………187
最期の日まで庭の検分／長岡安平が残したもの／禁制札を立てる長岡の提案／「富や報酬をもとめない職業」

あとがき　199

長岡安平関係の年表　202

第一章

長岡安平の生い立ちと東京府時代

造園への目覚め

長岡安平（信義・伸吉）は江戸時代の末期、天保十三年（一八四二）に大村藩剣術方茶屋番、長岡安右衛門とマサの五男として生まれた。生家は現在の長崎県東彼杵《ひがしそのぎ》町《ちょう》の、小倉から長崎へ至る長崎街道の宿場として賑わった彼杵宿本陣近くにあり、現在も本陣跡に明治十三年（一八八〇）に遷座した彼杵神社や、街道の向かいの脇本陣跡などにその歴史を感じさせる。西はすぐ県立公園に指定された大村湾に面し、東には経ヶ岳を主峰とする多良岳県立公園が位置していて、龍頭泉をはじめとする千綿渓谷が迫る優れた風景に囲まれている。

四十歳ころの長岡安平

こうした環境のなかで武門に生まれた長岡であったが、幼少期は病弱で学問や武術を好むほうではなかった。大村藩は九州でももっとも早く藩校「集義館」を開き、のちに改称された「五教館《ごこうかん》」は全国的に有名となって、幕末には多くの著名な政治家や学者を輩出した教育熱心な藩風であった。長岡は五男ということもあってか父母は放任

長岡安平生家付近の風景（東彼杵）

主義で、学問や武術を強いられることがなかった。

　これをよいことに長岡は幼いころから草花の栽培や小鳥、鶏などの飼育をして過ごしていたが、しだいに体調がよくなってからは造庭に興味を持つようになった。二十代のころには幕末から維新の動乱によってそれまで大名らに重宝されてきた作庭家はいなくなり、造庭の師と仰ぐような人をみいだすことはできずにいた。それでも抑えきれない造庭への探究心は自ずと身近に広がる自然の風景へと向かい、自然に最良の友と最善の師をえて深く自然に分け入り、観察にふけって自得するものがあったそうである。

　庭園に関する古書を読みあさることにも喜びを感じはしたが、その多くが法則ばかりにとらわれた設計方法を書いただけの、旧時代の古くさいものとしか思えず失望も味わっている。この思いのもとには、明治維新以後さまざまな分野や場面で西洋化の波を受けて進歩していくにつれ、社会が広く庭づくりを求めるようになり、しかも古い造庭方法ではおさまらない要求へと変わっているにもかかわらず、造庭の大家はすでにいなくなり、素養のない書家や著述家が古くさい庭園書を抜粋して庭をつくっても時代の思潮に応えられるはずがないという嘆きがあったのである。

大村藩と長岡氏

大村の地は十世紀の平安時代から幕末まで、一貫して大村氏が治めた全国でも珍しい土地である。大村藩は大村氏十二代当主の純忠がそれまでの領地を安堵され、およそ二万八千石の小藩として江戸時代を通じて存続し、明治維新を迎えた。

大村藩の家臣団は、慶長十二年（一六〇七）の「御一門払い」以来、このときに改姓した大村氏二氏と、朝長氏、富永氏ら譜代が家老、城代などの藩要職を務めて上級家臣団を構成し、幕末まで継承された。これら上級家臣団と、中級家臣団を中心とした城下に給地を持つ城下給人と、郷村に居住する下級の在地家臣団である郷村給人に分けられ、さらに在地家臣の次男、三男も積極的に起用されたため、複雑かつ多数の家臣を抱えることとなり、大村藩の特徴となっている。安政三年（一八五六）に計上された家臣数は二千八百六十六名であり、このうち城下給人は千五名、郷村給人は千八百六十一名だった。朱印高二万八千石に対して家臣総数二千八百六十六名、在地家臣団が六割を超えるというのは、他藩と比べると異例の体制であった。

この家臣団の構成を詳しくみると、上層から両家、家老、城代、馬廻、城下大給、村大給、小給、足軽などの階級に分かれる。城下給人は馬廻以上が百七十六名、城下大給が百四十五名、村大給六十三名、小給百三十一名、足軽三百七十五名などでなり、郷村給人は馬廻二名、城下大給二十八名、村大給二百四十名、小給七百二十四名、間組小給十六名、足軽七百八十二名などでなっていた。それぞれの役職の担うところを大きく分けると、藩主を補佐する要職として家老、中老、用人があり、監査の役として大目付がある。その下には各役所に奉行以下が置かれ、郡奉行が会計を総括し、勘定奉行が監査にあたった。郡奉行の下には代官、小佐司《こざし》がおり、各村には目付が置かれて監査をするという地方支配をおこなっていた。

幕末の彼らの禄高をみると、御両家の大村五郎兵衛が一千四十石で唯一、一千石を超えており、次いでこれも御両家の大村邦三郎が八四六石、以下家老や城代を務める家柄で四百石から二百石程度を給した。馬廻や大給になると六十石から四十石ほどとなり、足軽では平均六石程度の禄高であった。禄のとりかたはいくつかに分類でき、まとまった知行地をもってそこに居住する形態、居住地とは別に知行地をもつ形態、この両方を兼ねた形態、蔵米からのみ禄をえる形態、知行地と蔵米を兼ねる形態などがある。また、小給や足軽には無高の者も多くいた。

大和国長岡に居住した縁で長岡姓に

大村氏に仕えた長岡氏は越前純重を中興の祖とする家で、大和国長岡に代々居住したことにちなみ、長岡氏を名乗ったという。それまでの歴代の事績は詳らかではない。大和国に長岡という地があったかどうかは不明だが、平安時代初期に藤原長岡という人物があり、越前守、大和守を歴任していて多くの共通点があり興味深い。能登には平時国にちなむ時国氏という家があるから、名前を姓とすることもなくはないが、藤原長岡が大村の長岡氏につながるというのはまったく想像の域をでるものではない。

中興の祖長岡純重は、初代大村藩主大村喜前《よしあき》からさかのぼること三代、大村純伊《すみまさ》に仕え勲功があったことにより純の諱《いみな》を賜った。文明六年(一四七五)、有馬貴純の侵攻に先手として出陣し、奮戦するも味方の内応により敗れて父子五人が戦死した。残された五男新左衛門はこのときわずか二歳であり、多年にわたり小城仕えを余儀なくされたがやがて大村へもどり、純の字を賜って純胤を名乗った。長岡氏は純胤から長男重胤、次男前重の流れで諸流に分かれ、明治維新を迎えている。

重胤の長男純生の系統には大村三十七士の長岡新次郎が連なり、前重の長男忠安の流れのうちの右衛門家の系統には、同じく三十七士の長岡治三郎が連なる。治三郎の一人息子は物理学者として著名な長岡半太郎である。また、三十七士の中心的人物である楠本正隆につながる楠本氏もいくつかの流れをもつが、長岡氏と楠本氏のあいだには歴代においてたびたび姻戚関係がみられ、両氏のつながりは比較的強かったこともうかがえる。

長岡安平はといえば、これら長岡氏の系統からは関係性が必ずしも明らかではないが、もとは同じくする傍流であることは確かである。安平の父の安右衛門は郷村給人であり間組小給で、新次郎や治三郎の長岡家が四十石取りの馬廻や城下大給であるのと比べると処遇は低かったようである。ただしこれ幸いに安右衛門も武門ながら安平を藩校五教館に入れることもなく自由にさせることができ、安平もまたその自由を存分に自らの造庭の興味にそそぐことができたといえるのかもしれない。

大村三十七士

造庭への欲求を抱えながら過ごす長岡安平に転機が訪れたのは明治三年（一八七〇）、二十九歳のときのことであった。同郷の先輩である楠本正隆にしたがって上京することになったのである。それからは楠本のもとでしばらく執事を務めながら事務をこなしていくこととなるが、この同行がいまに名を残す長岡安平の礎を築いていくことになる。翌四年には楠本にしたがって山陰、山陽、紀伊、大和、名古屋などの諸藩庁にお預けとなっている長崎キリスト教徒の視察におもむき、明治五年（一八七二）には楠本が新潟県令に就任するのにもしたがった。同郷の楠本の信頼を獲得していったことは、その後の長岡の人生の節目において代えがたいものとなっていく。

尊王攘夷運動の意気がますますあがる文久三年（一八六三）三月、渡辺《わたなべ》昇《のぼり》は江戸生活を切りあげ地元大村へと帰郷した。ときを前後して同じく江戸生活を送ったのち京へと移っていた長岡治三郎も大村へと帰っていた。渡辺が帰った二カ月後、十二代藩主純熙《すみひろ》は突然長崎奉行に任ぜられ、中央の情勢に明るい彼らは慌ただしい世の中の動きに対して自分たちも何かしなければならないという意識にかられ集まった。最初のメンバーは昇の兄の渡辺清左衛門、長岡治三郎、根岸陳平、中村鉄弥の四人で、彼らの意向は尊王攘夷でまとまった。これに昇が加わり、さらに楠本勘四郎（正隆）と五教館教授で大村藩きっての秀才である松林廉之助（飯山）がはいって大村藩勤王三十七士同盟の原型ができあがった。

このとき、天保六年（一八三五）生まれの渡辺清左衛門は二十九歳、弟の昇と楠本正隆は天保九年（一八三八）生まれの二十六歳、松林廉之助と長岡治三郎は天保十年生まれの二十五歳で、長岡安平は天保十三年生まれだから歳の近い若い面々が集まっていた。渡辺兄弟の父は勘定奉行などを務めた四十石取りの上級藩士で、清左衛門はこのすぐのちに五教館表頭取、そののち五教館監察などを務めた五教館の幹部だった。昇は大村へ帰郷して藩主護衛役の二十騎馬副を命じられている。長岡治三郎の義父も各奉行や五教館祭酒などを務めた四十石取りの上級藩士で、治三郎自身も五教館頭取を務め渡辺清左衛門とはよく似た境遇だった。楠本正隆の父正武は先手者頭などを務めた六十石取りの上級藩士で、正隆自身は渡辺昇と同じ二十騎馬副や五教館監察を務め、藩の参政によって中老としても活躍した。

こうした上級藩士を父に持つ二十代の若者たちの手で、大村藩は尊王攘夷へと進んでいったのである。

大村藩校五教館の教え

ところで、彼らの多くが関与した五教館《ごこうかん》とはどのようなところだったのか。江戸時代、各藩で藩士の子弟教育のための藩校が設けられたが、大村藩の藩校が五教館だった。四代藩主純長の時代、寛文十年（一六七〇）に創立された当初は集義館といわれ、尾張、盛岡、岡山、桑名、会津といった十万石を超える大藩につづく早期の創立で、幕府の学問所である昌平黌ができる二十一年も前のことだった。当然九州諸藩ではもっとも早く、藩主の熱意を感じさせるものである。

寛政二年（一七九〇）に五教館と改名され、家老、用人各一名が総括し、その下に一名の祭酒が置かれ、つぎに学頭二名が置かれた。これはそれぞれ元治元年（一八六四）に教授、助教と改められ、松林廉之助が教授に就いていた。助教の下には監察が五名置かれた。松林廉之助が五教館に携わるようになってからはその名声が上がり、全国諸藩からきて学ぶものは百名を超えたといい、三菱の創始者となった岩崎弥太郎も学んでいた。三十七士同盟の原型ができた文久三年当時は、のちに三十七士に加わる人物が多く五教館の教授や学頭、監察に就いており、五教館は大村藩の尊王攘夷にも大きな役割を果たしたことになる。

五教館関係者を中心とした大村藩勤王三十七士により、大村藩は大きく討幕へと動き、薩摩藩、長州藩とともに中枢藩として活躍し、維新後の藩主大村純熈の賞典禄は薩摩藩、長州藩の十万石、土佐藩の四万石に次ぐ三万石で、こちらも討幕派で有名な佐賀鍋島藩の二万石を上回るものだった。

三十七士の面々で、維新後とくに活躍のあったのがリーダー格だった渡辺兄弟と楠本正隆である。渡辺清左衛門こと渡辺清は東征大総督参謀、奥羽追討総督参謀として東北を転戦したが、戊辰戦争終息後の明治二年（一八六九）八月、民部権大丞兼三陸磐城両羽按察使判官に任ぜられて東北経営にあたった。明治四年以降、厳原県権知事、大蔵大丞、福岡県令、元老院議官を歴任し、明治二十年（一八八七）には男爵に叙せられた。その後も貴族院議員、福島県知事として活躍したが、福島県知事を辞めてからは政治の表舞台に立つことはなかった。

清の弟、渡辺昇は戊辰戦争時は長崎裁判所に出仕していて役には加わらず、明治二年に東京に招聘されて市民からの建言を受理する待詔局に努め、のち非違を糾弾する弾正大忠に就いた。この職ではキリシタン検挙や福岡藩の贋札事件究明で厳しい処断をしている。次いで盛岡県権知事、大阪府権知事から大阪府知事に就いて大阪の礎を築いた。その後元老院議官、初代会計検査院長に就任し、兄と同じ明治二十年（一八八七）、兄よりも上の子爵に叙せられて華族の仲間入りをした。会計検査院での部下とのいさかいで辞任したあとは剣術道場を開き剣道の普及に努めて生涯を終えた。

楠本正隆の足跡と長岡安平

楠本正隆

楠本正隆はのちに長岡安平に重大な影響をおよぼした人物であり、少し詳しくみてみたい。

廃藩置県に際し全国各藩が藩債を新政府に引き継ぐなか、楠本の経済手腕によって大村藩だけは藩債を引き継がず、周囲から嘆称されたという逸話も持っている。明治維新後は諸藩、庶民から優秀な者が召し出された徴士として新政府に仕え、楠本は外務大丞を経て明治五年に新潟県令となった。楠本は天稟闊達の人で、その気性は果断で事をなすには少々過激なところもあるが、本人はまったく気にかけることなくやりのけていくので、かえって人は畏れ、褒め称えるところとなったという。楠本が県令として赴任した新潟県は、当時はまだ他県に比べて開化が遅れており、依然として古い習慣を重んじて新しい制度を好まない気風であった。そこで楠本の果断の気性が発揮され、いまだ断髪せずにいる人々に対して号令一下、ことごとく髷を切断してしまったというのは楠本の人物を象徴するできごとのひとつである。そのほかにも新潟県の近代化を進め、大久保利通に「天下一の県令」と賞されるまでに手腕を発揮した。

そして楠本はこの新潟県令時代に造園界にとって画期となる事業を成しとげている。それが現在も残る白山公園、すなわち新潟遊園の開設である。楠本は県令着任早々の明治五年（一八七二）、日本でもっとも早く日本人による公園として新潟遊園を開いた。西洋のように誰もが遊べる公園の必要性を感じていた楠本は、持ち前の果断な気性により実行に移したのである。新潟へは長岡安平も同行しており、間近にこの記念すべき公園開設を目撃し、あるいは開設にかかわったかもしれないということは、これ以後数多くの公園を手がけることになる長岡にとっても初めて実際に公園というものに接した体験だった。

日本に公園ができたのは明治六年（一八七三）だからそれよりも一年早いことになり、当時はまだ横浜や神戸の居留地に外国人向けの公園がわずかにあっただけの時代である。新潟遊園の工事は新たに築山や池を設け、植物や四阿なども配した大規模なもので、官吏と県民がともに財をなげうって完成をみた。新潟遊園への関心は高く、三条実美の筆による表額が掲げられた開園記念碑が建てられ、侍読秋月種樹起草の文中には楠本の開園への思いが記されている。それによればこの公園はオランダの制に倣ったもので、この園に遊ぶ者は運動することを務めとし遊惰を楽しんでいてはいけない、養生するための園であり生業を捨ててぶらぶらとしていてはいけない、精鋭を蓄えて仕事に活かし勉励して職に服すのである、と語られている。まさにいきいきとした生活を送るために鋭気を養うための場所として、公園は必須の場所としてつくられていたのである。

その後楠本は明治八年（一八七五）に東京府権知事、明治十年（一八七七）には東京府知事になり、もうひとつの長所である人をみる目を活かして巧みに任用し、その得意なところを伸ばした。まさにこのとき長岡も東京府に勤務することになり、その造園の才能を発揮していくこととなる。東京においても楠本の公園への思いは行動となって現れており、政府が公園予定地を公園用地として種別しているのに対して上野公園のみ異なる種別とし、将来博物館用地

楠本正隆顕彰碑

とすることをもくろんでいることに気づいてこれを公園用地にただし、上野公園を廃止できない状況をつくりあげた。こうした公園に対する先見の明と理解に長じた有力者のそばで実際に事業が進んでいくのをみられたことは、長岡安平にとってえがたい経験であっただろう。やがて楠本は転身をして元老院議官や衆議院議長を務め、明治二十九年(一八九六)には男爵を授けられている。府知事として住んでいた芝公園の芝東照宮前にはのちに楠本を讃える顕彰碑が立てられ、現在は大村市の旧楠本正隆邸に移されている。

楠本正隆と長岡安平の初期の関係は必ずしも明らかではない。先に触れたように楠

本氏と長岡氏は歴代のなかで姻戚関係があったが、正隆の系統と安平の系統の間柄は記録がみあたらず残念ながら不明としかいいようがない。しかし、外濠を埋めるつもりで紹介するなら、三十七士の長岡治三郎は身分に違いがあるものの安平と似たところのある境遇をたどっている。

長岡治三郎は三十七士同盟の初期メンバーであり、その後も中心的な位置を占め、戊辰の役では渡辺清らとともに東征軍軍監として活躍した。維新後、治三郎の思考を一変させたのが、岩倉使節団に参加する大村純熈の随行者に選ばれたことだった。この視察により欧米の学問を知った治三郎は息子の半太郎を東京へと学びに向かわせ、自身も使節団から帰着した半年後の明治七年（一八七四）に上京している。その後明治十年（一八七七）に二カ月間東京府師範学校の二代校長を務めたが、このときの東京府知事は楠本正隆だった。長岡安平が楠本正隆のもと東京府に奉職する半年前のことである。こののち治三郎は大阪、福岡を経てまた東京へと戻ったが、大阪時代には渡辺昇大阪府知事のもとで庶務課長に就いており、明治になっても楠本、渡辺との関係がつづいていたことがわかる。

同郷のつながりの強い時代で、楠本が東京府知事時代に、関係の深い長岡氏から二人も東京府勤務者がでていることとは偶然のこととは思えない。

長岡安平の東京府奉職

明治八年（一八七五）、楠本の東京府権知事栄転に随行した長岡は、しばらく永田町の楠本邸で執事としての生活を送っていた。明治三年（一八七〇）の随行以来五年間をともにするあいだに楠本からの揺るがぬ信頼を築き、楠本邸前の玉川上水樋筋の埋桝を改める工事を取り仕切るなど、内向きの仕事を任されるまでになっていた。後年には楠本が受給する恩給の受取代理人ともなっていることからその関係の親密さをうかがい知ることができる。

明治九年（一八七六）には下村とらと結婚する。しばらく執事としての生活を送っていた長岡にその後を決定づける転換となったのが、明治十一年（一八七八）二月十二日、東京府土木掛に仔馬並土木用器械取納方として奉職するようになったことである。長岡安平三十七歳の遅い公職デビューと、その後の日本造園界を牽引していくこととなる造園家長岡安平の駆け出しであった。

楠本からこれほどの信頼をえるに至ったきっかけは、最初に随行した年と同じ明治三年、楠本が邸宅を建てたときに長岡安平が造庭したことにあり、その功績により楠本が新潟県令となったときも随行して新潟遊園の開設にかかわったとする見方がある。そうすれば東京府への奉職が土木掛で、公園の業務に携わっていったことも無理なく合理的に説明がつくのだが、こうした関係を示す記録はみつかっておらず推測の域をでない。

長岡が勤めだしたころの土木掛は明治九年三月に設置されたが、勤務して間もない同十一年十一月七日に改組されて土木課が設置され、同時に土木課勤務となった。しかし、その矢先の十一月十一日、早々に健康面で足踏みをしてしまう。かねてより患い、投薬治療していた慢性リウマチがよくならず、休暇を取ることになってしまったのである。休暇中は上司である土木課長の許しをえて郷里彼杵とはひと山へだてた嬉野温泉に湯治にでかけ、幸い一ヵ月後の十二月に復帰した。健康を取り戻したとはいえ幼少期からの病弱な体質は、このあとも程度の差はあれ長岡を悩ませることとなる。

土木課配属となった一年後の明治十二年には東京府御用掛を申し付けられた。配属は同じ土木課であったが、このときに准十六官となったから土木課雇いから晴れて東京府雇いとなった。

芝公園の整備

長岡が東京府雇いとなったこのころは、上野公園で開かれた第一回内国勧業博覧会に東京府が出品した便殿が芝公園内に移築され、芝公園の紅葉山付近の整備が進められていたころである。長岡は道路の開削や修繕、便殿の庭園築造などの工事監督をし、能舞台や紅葉館にかかわる仕事にも携わっている。紅葉館は明治十四年に開業した会員制の社交施設で、芝公園二十号地、現在東京タワーが立つあたりにあった。便殿を移転したころから、東京府は芝公園の紅葉山周辺の整備に力を入れており、将来的には外国公使らの接待に使うための建物の建設をもくろんでいたが、タイミングよく民間から迎賓施設建設の申し出があったためこれを許可した。しかし紅葉館の建設にあたっては公園内の絶景の位置であることから、長岡らは建物が公園の景観を損なうようなことがあれば世の笑い者になると気をもんでおり、園内に適当な趣を持った建物をすでに設けていた横浜公園へ視察に向かったのであった。

長岡と芝公園の関係は深く、このころには自らの住居も芝公園内に移している。最初は二十一号地、現在も残る幸稲荷神社の隣にあったが、のちに二十号地の紅葉館に隣接する三縁亭の前に移り、最後は東京府知事官舎の隣、現在の十八号地の一画に移っ

長柏園記念碑

て、芝白金三光町に引っ越す大正年間ごろまでは公私ともに芝公園と密接であった。

長岡は芝公園内の邸宅に長栢園《ちょうはくえん》と名づけており、十八号地の家のあとには日本庭園協会有志が織部形の石灯籠と長栢園趾の記念碑を据え、記念碑はいまでも付近に残されている。現代では公園のなかに居を構えることはできないが、当時はそれほど珍しいことではなかった。社寺地だったころからの住人や園内にある茶店などの関係の人、芝公園のように公邸が設けられることもあった。ただしやはり公園地は公園地である。時代が少し進むが、長岡も明治四十四年（一九一二）の自宅増築や大正元年の水道の分水工事のときには東京市長への届出を済ませ、自宅増築のときは公園改良があって土地の返却を命じられれば自費で撤去することを申し添えていた。

公園専門部署の設置

紅葉山を中心に道路整備など芝公園の工事をはじめとして、飛鳥山公園の設計やサクラの植樹、皇居周りのヤナギの挿木など東京府の公園にかかわる仕事をこなしていたが、明治十三年には公園地事務に人が少ないという理由により、長岡は庶務課公園地事務へと配置換えになった。長岡が東京府にはいってからも組織の改変はあったが、このときまでは土木を担う部署での勤務であり、仕事の内容も道路整備や街路樹整備が多くを占めていた。公園を専門に扱う部署はいまだなかったが、公園地事務に人が少ないという異動の理由は東京府の公園を取りまく状況が動きだしたことを物語っている。実際長岡はこのころから浅草公園の六区埋め立てや仲見世整理に携わるようになり、この先の東京市区改正設計へとつながっていくことになる。

東京市区改正設計は新旧二つの時期があり、このころはちょうど旧設計の検討にはいったころである。市区改正は現代でいう都市計画であり、交通網や水道、公園などの都市インフラの配置計画を中心とする総合的なもので、第八代東京府知事芳川顕正が中心となって検討され明治二十一年に東京市区改正条例公布、翌二十二年に計画が公示された。この計画のなかでは四十九カ所の公園が計画され、順次整備されていったのだから府の公園地事務が膨大になっていったことは容易にうかがえる。

すでにある公園の仕事が増えるとともに市区改正が具体的になってくると、いよいよそれまでは間借り的だった公園地事務担当も本格的な公園部署としての必要性がでてきた。これによって明治十七年一月十八日、東京府に最初の正式な公園部署である庶務課公園掛が組織され、長岡はただちに配属となった。この年は長男隆一郎が誕生した年でもあり、公私にわたって記念となる年であった。その後明治十九年一月庶務課公園部設置、同七月東京府第一部庶務課公園掛設置、明治二十三年東京府内務部第二課設置とつづき、それぞれに配属を異動した。この間、市区改正設計によって新たに一から設計された公園ができ、その最初である坂本町公園の仕事にもかかわっている。

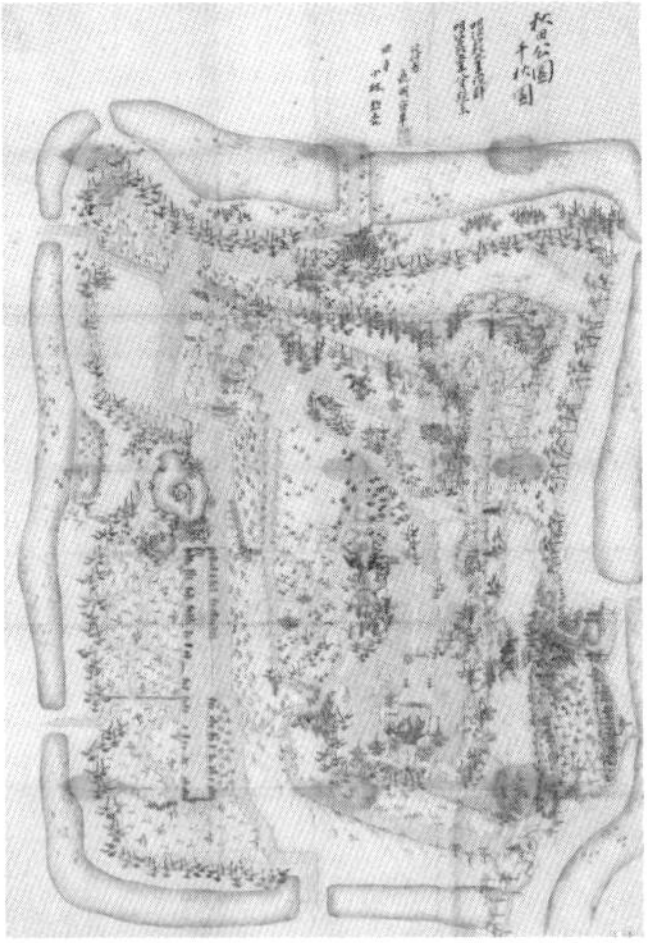

秋田公園千秋園

秋田県「千秋公園」の設計

こうして東京府の吏員としての仕事をつづけ二十年に近づこうという明治二十九年（一八九六）、長岡は五十五歳のときに活躍の場を全国へと広げるきっかけとなる仕事を手がけることとなる。秋田県千秋公園の設計である。前年の二十八年、秋田県知事平山靖彦と地元有志は二年前に焼失した招魂社の再建を願い、その移転地として荒廃していた秋田城址を求めて、同時に城址を公園とすることを秋田県会に建議した。これを受けて県会は三カ年での公園整備を決定し、翌年の長岡への設計依頼につながっていく。東京府に勤めていた長岡に秋田県から依頼がきた経緯ははっきりしないが、五月に東京府からの出張命令、六月には委嘱があり、翌七月に現地へ赴いて数日のうちに設計を仕上げて県知事に報告した。これに対して秋田県は設計手当として五十円を支払っているが、当時の長岡の月給三十円からすれば大きい額の報酬であった。

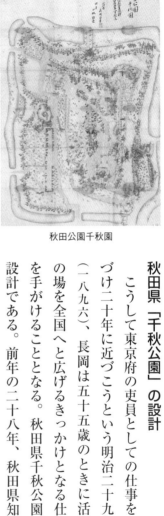

千秋公園の設計にあたって秋田県は、前提として招魂社と秋田神社の二つの神社を、明治十三年に焼失してしまった佐竹氏居城久保田城本丸跡に建立することを示し、これにしたがって設計を進めている。基本的な城址の地形や遺構は改変せず焼け残った番所も保存し、植栽を中心とした計画であった。本丸跡は二つの神社のためのそれぞれのアプローチと、二つをつなぐ園路で構成され、社殿の裏側にあたる部分にはそれぞれ違う樹種の針葉樹が描かれた。旧本丸に残っていた池と築山を活かし、二つの神社に挟まれた中庭的な空間も設けている。二の丸跡には曲線園路が複数描かれてあいだに花木を植え、花をみながらぶらりと歩くことができる空間である。長方形の敷地に曲線園路という取り合わせは、坂本町公園の改良設計を思い出させる。またこちらには新たに池を穿ち、流れも設けた。本丸跡と二の丸跡の斜面にはツツジなどの花の咲く灌木を植えており、二の丸からの見上げの景を考慮したものだろう。全体的な植栽計画には法則があったようで、城址の周

長岡安平による献檜樹百本の碑

囲の濠に沿ってマツを中心とした常緑樹が植えられ、平らな場所にはサクラなどの花木を、西側の傾斜地にはカエデなどの紅葉する樹木を多く植えようとしていた。

設計は城址の遺構を保存し、植栽を施すくらいであとは平坦部に園路を設ける程度だったが、これは長岡の持論である文化財保護の考えによるものだけではなく、城址の払い下げを受けていた旧藩主佐竹氏の意向が大きかったようである。というのは、城址を公園とするために持主である佐竹氏から用地の一部を買い上げ、あるいは一部を借り受けるときに、買い上げた部分は公園を廃止するときなどは返却、借り受けた部分は旧形を保存することで契約を結んでいたからである。こうした契約が五月に締結され、その後長岡安平を七月に招聘しているから、大きな方針はすでに決まっていたということになる。

提出された設計案による工事費は、当初計画された予算を上回り増額を要するものであったが、県は設計の縮小を求めることなく予算を補正し、計画どおり設計年を含んで三カ年となる明治三十一年（一八九八）に整備を完了し公園を開園した。翌年には招魂社と秋田神社も建立され、開園のころは単に県公園と呼ばれていたが明治三十四年（一九〇一）に漢学者狩野良知の撰で佐竹氏により千秋園と名付けられた。

開園当時の千秋公園（旧本丸）

千秋公園の現景（旧本丸）

開園当時の千秋公園（旧二ノ丸）

千秋公園の現景（旧二ノ丸）

千秋公園の設計をやってからというもの、開園の翌年となる明治三十二年（一八九九）の広島市を皮切りに全国の自治体から公園の設計をしてほしいという依頼が長岡のもとに届くようになった。その理由を広島市の場合にみてみると、陸軍省から下げ渡された比治山と江波の両所に公園を開設するにあたり、長岡が多年にわたって公園設計に従事し、二十九年には秋田市旧城趾に公園を開設する際に県からの委託に応じて従事したところとてもよくできたということなので、広島市長伴資健から東京市長松田秀雄宛て、長岡に頼みたい旨伝えられたという。しばらくは秋田県内と広島県内の仕事を引き受けていたが、どこも同じような理由でしだいに各地からの依頼を受けるようになり、今に名を残す設計業績を積み上げていくことになる。

千秋公園の改修設計

千秋公園では招魂社、秋田神社の二社ができてからも公園は順次追加整備されたが、依然県会ではさらなる充実を求める声が大きく、一方で予定されていた皇太子の行啓で公園を褒めてもらうために秋田神社を移転し、風致を向上させたいという思いもあった。そんな思惑のなかで、行啓は延期されたものの、明治三十五年（一九〇二）

に長岡が改良設計をおこなうこととなった。

このときの設計過程は長岡本人の手記により詳細に追うことができる。八月二十二日の夕方秋田にはいった長岡は上肴町（秋田市大町）の高西を宿とし、翌日には秋田県属官田村と今村の案内で千秋公園を丸一日みてまわった。府外で初めて自ら設計した公園を、二十九年の設計以来初めて観覧する機会をえて感慨深く眺め、とりわけ苗木だったサクラが意外な壮観となっていることには驚いている。つぎの日からはさっそく仕事に取りかかり、当地の植木職である保泉金兵衛をともなって原図の作製を始め、三日目には石段の修繕などの工事もおこなった。

それからも連日設計のための調査をつづけ、二十八日には知事との面会もしたが、公園に出向く合間に近隣の郡や町から首長や書記官が訪れて対応をしており、他所の仕事の打ち合わせや挨拶が頻繁にあった。そのうえ自らも地元の名士の邸宅をいくつも訪ねて家屋や庭園を見物しており、夜には公園内の幽賞亭や、秋田市寺町の雅致に富む日本料理店志田屋で宴会もあって極めて多忙な日々を過ごした。そのためか十日目ごろには腹痛と頭痛に見舞われ、一日ゆっくりと過ごしている。

二週間が経った九月三日からは、いよいよ改良設計の完了も近く毎日県庁にも出向き公園にいくようになる。そのころには余裕もでき、公園の仕事は助手の田中真次郎に任せて、四日には頼まれた県下第二の多額納税者で呉服商の辻兵吉邸と、秋田市倶楽部の庭園設計や改造を指示した。そして公園の改良設計に着手してから十四日目の九月五日、設計は完了し県庁へ報告書を届けた。しかしこの日も午後には公園へ出向いてマツの手入れについて指揮し、夕方には送別の宴席として田村、今村、遠田から招待され、公園内の中央、眺望絶景の松風亭でもてなしを受けた。この日は日の入りが海に沈み、夕月も同時にみえたことに上機嫌で、設計が終わり晴れやかな気分だったことが伝わってくる。翌日はまた公園事務所へいき園内の池縁で公園掛といっしょに写真を撮って記念とし、つぎの日には植木屋を雇い止めとして旅立つ支度を整えた。いよいよ秋田を離れる八日、最後に公園へいとまの挨拶にいって県庁で謝金を受け取り、午後〇時三〇分の列車でつぎの設計地能代へと向かった。

このときの改良で主だったものは、まずは秋田神社の移転で、跡地には楓林が計画された。このほかにもマツやサクラ、ウメなどの高木やハギ、ヤマブキ、レンギョウなどの灌木、ハナショウブやナデシコなどの草花にかかわる指示をし、二十九年に引きつづき植栽にかかわる設計を中心としている。一方で四阿《あずまや》や、矢来などの人止め、腰掛台といった公園の利用にかかわる施設を設置する指示もあり、利用者本位の公園という長岡の思想の片鱗が感じられる内容が含まれることは注目される。

理想の公園像実現を目指して

明治三十五年(一九〇二)にはすでに長岡が驚くほどサクラが成長し、改良設計によってさらに植樹されて風致を上げた千秋公園は、しだいにサクラの名所として、また全国でも優れた公園として認識されるようになってきた。さらに明治三十七年(一九〇四)には皇太子ご成婚記念として、奈良国立博物館や赤坂離宮迎賓館の設計をした片山東熊によるルネサンス様式の秋田県公会堂が竣工し、いよいよ秋田県の誇りといえるものになった。その後明治四十年(一九〇七)十二月に再び一部改良設計がなされ、招魂社前の池から参道を横切って西へ流れがつけられ、斜面には滝がつくられて周囲に鬱蒼と樹木が植栽されるよう計画した。この前年には東京芝公園に長岡の設計によって紅葉滝が竣工しており、この成功をもって千秋公園でも再現したものとみられるが、三十五年時の秋田神社移転とともに実現には至っていない。

さらに四年後の明治四十四年、再度長岡は秋田を訪れており、千秋公園の三度目の改良設計を手がけている。このときも植栽の充実や手入れの指示を多くしているが、最初の改良設計から約十年が経過し、他県での公園設計も数多くこなすようになった長岡は、公園は子どもも女性も老人も楽しめなければならないという公園論を確立しつつあった。このためそれまでの改良にはみられなかった旧城の遺構の改変にも着手し、万人が歩きやすくするための園路の新設や拡幅とそれにともなう石段、枡形の撤去、あるいは濠を埋め立てて計画した競技場や、動物園の新設など娯楽施設もみられるようになった。長岡にとっては経験によって積み重ねてきた公園像だったが、早い時期に開園した千秋公園にとっては大きな変化だっただろう。

最後の改良設計もほとんど実現はしていないが、十五年にわたって付き合った千秋公園は、長岡にとっても特別な公園だったに違いない。

第二章

長岡が活躍した時代と、日本の公園

明治政府太政官の「公園通達」

長岡安平が楠本正隆にしたがって各地をめぐっていたころ、明治新政府によって日本はすべてにおいてめまぐるしく変化し、動いていた。長岡の活躍の背景にある時代を知るため、少し明治という時代の都市や公園を取り巻く動きをみておきたい。激動は公園も例外ではなく、このころ正式に制度ができた。明治六年（一八七三）一月十五日の太政官達第十六号である。

第十六号

府県へ

三府ヲ始人民輻輳ノ地ニシテ古来ノ勝区名人ノ旧跡等是迄群集遊観ノ場所（東京ニ於テハ金龍山浅草東叡山寛永寺境内ノ内京都ニ於テハ八坂社清水ノ境内嵐山ノ類総テ社寺境内除地或ハ公有地ノ類）従前高外除地ニ属セル分ハ永ク万人偕楽ノ地トシ公園ト可被相定ニ付府県ニ於テ右地所ヲ択ヒ其景況巨細取調図相添大蔵省ヘ可伺出事

明治六年一月十五日

太政官

普段街を歩くとき、目的とする場所へ向かうあいだにはどこを通るだろう。普通は誰でも道路を通り、用のないところには立ち入らない。これは、道路以外の場所が誰かの土地で、断りもなくはいるのは非常識だとわかっているからではないか。さらに屋外で何かをしたければ、道路でということもむずかしくなる。これをある程度可能にしてくれるのが公園という場所で、用もなくふらりと立ち寄ることも、体操や遊びや休憩といった目的を持っていくこともできるどちらかといえば街なかでは特殊な場所なのである。

公園ができるまでは神社や寺院の境内がこの役割の一部を担ってはいたが、信仰対象として参拝するというひとつの揺るがない用途があったからいつでも何でもということはできないし、市民の観覧を許していた大名庭園も自由にははいれなかった。わずかにあったのは飛鳥山など遊観所といわれる限られた場所だけだった。そこで公園のない街を想像してみれば、窮屈でなんとなく居心地が悪そうな気がしてくる。実際に明治六年までの日本には、本当の意味での公園がなかったのである。

公園誕生にボードウィンの提言

現在につながる公園の日本での最初の事例は、外国人居留地から始まった。明治元年（一八六八）にできた、のちの東遊園地につながる神戸の外国人居留地のグラウンドや、横浜の居留地に明治三年（一八七二）に設置された山手公園である。しかしこれらは外国人のための場所という感覚が強く、市民に開かれたものではなかった。

広く市民が憩える公園ということでは、ボードウィンの提言がもっとも早い時期のひとつである。ボードウィンはポンペの後任として幕末の長崎にオランダから赴任し、長崎養生所の教頭を務め、新政府の要請で東京に移り、医学校の創立などを建言していた。明治三年当時、新政府文部省では大学東校（東京大学医学部）の移転を模索しており、高燥で火災もない地相ということから上野寛永寺境内の明け渡しを太政官に願いでた。寛永寺側ではこれまでどおりの規模を保つことを嘆願したが聞き入れられず、七月には病院の工事が始められた。

ちょうどそのころ大学東校で二カ月あまりのあいだの講義を引き受けていたボードウィンが、大学東校の医師らに案内されて新しい病院用地を検分した。このとき寛永寺の広大な空地と緑地を擁するこの景勝の地を、公園とすることを政府に建議したのである。その後工事は中止となったが文部省はあきらめず、上野への大学東校建設へと動きつづける。

しかし今度は時の東京府知事大久保一翁が寛永寺の要求を支持しつづけ、やがて明治六年の太政官達第十六号による上野公園指定を迎える。ボードウィンの建議がそのまま上野公園へとつながったものではないが、お雇い外国人の時代の先端をゆくひとつの思想としていったんは受け入れられ、その後の太政官達への動きにつながった業績として顕彰されている。

太政官達第十六号は政府から各府県へとだされた通達で、人々が集まることができる公園というものをつくるので、各府県は公園に適当な場所を選んで申し出よといういわば公園選定令といった意味合いのものだった。つくるといっても何もない場所に一から計画してつくる公園ができてくるのはもう少し先の話で、このときは群集遊観の地、つまり寛永寺のような社寺や景勝地、江戸時代からの遊観所など、これまでにもいまでいう観光地のようになっていて見物やレクリエーションのために人々が集まっていたところを公園という場所に指定するということである。

当時日本は開国し、西洋諸国に追いつこうと必死になっていた時代であり、公園も西洋に倣ったものだった。その一方で公園選定令にある高外除地という非課税地の取り扱いを明らかにしたいという思惑も含んでいた。このころ明治政府は明治七年に制定される地租改正を検討していたが、これは土地自体に税をかける現在の固定資産税につながる新たな税制だった。そのなかで明治四年（一八七一）の上知令により持ち主があやふやになっていた社寺の境内地をはっきりさせ、無税となる完全な官有でもなく、地租をとる社寺有でもなく、官有ながら借地などで経営でき、間接的に税収にもつながる公の遊園、すなわち「公園」という地目をつくりだしたのである。

現在の上野公園の東京都美術館に近い一角にはボードウィンの功績をたたえる胸像が建てられている。

社寺の保存と城の廃止

この制度は一方で社寺の保存にもひと役買ったといえる。大政奉還後の新政府は、神道を国家統合の基礎とするため、それまで混然としていた神道と仏教を分ける神仏分離令を慶応四年（一八六八）に発した。これはただ神道と仏教を分けることを目的としていたが、神道を基礎としようとする政府の態度から、結果的に仏教を排斥し、廃仏毀釈運動を引き起こしてしまうこととなった。これによって名だたる寺院が多数破却され、宗教施設であると同時に文化財でもあった建物や宝物が失われてしまう。慌てた政府は明治四年（一八七一）に古器旧物保存方という太政官布告を発布し、社寺などの文化財を守ろうとはしたが、一度運動ともなってしまった廃仏毀釈はすぐに収まらず、数年間は破却が進められた。こうした動きのなかで社寺境内地を安堵、活用し、社寺が経営もできる公園制度がつくられたことはいくらか救いであった。

こうした状況のもとで明治六年（一八七三）に全国二十五カ所の公園が誕生した。東京の芝公園、浅草公園、上野公園、山形県の鶴岡公園、茨城県の偕楽園、大阪の住吉公園、浜寺公園、広島県の鞆公園、大分県の臼杵公園、楠本正隆が開園した新潟遊園などである。明治二十年ごろまでは公園選定令にもとづく公園が増えつづけ、長岡がかかわることになる厳島公園や高知公園、高岡公園など八十一カ所が開園した。

国有地に開園した公園だったがこれを管理するのは府県のため、どこも管理費の捻出には苦心している。東京府は太政官への公園候補地の申告に先立って、営繕会議所に管理費について相談した。営繕会議所は、松平定信が始めた七分積金を管理する町会所が東京府民に引き継がれたものである。定信は江戸の経済的困窮を打開するため、江戸の町民の収支を調べさせ、経費削減案にもとづき支出の節減可能額を報告させた。このうち七分について毎年積み立てをし、必要なときに町の整備費に充てる制度で、明治五年（一八七二）には七十万両という積立額となっていた。営繕会議所に引き継がれたあとは、道路や橋などの都市インフラや文化施設、教養施設などの整備に資金を投入していたため、東京府としては公共施設として設置する公園の経営について会議所に相談し、あわよくば経営資金をえたいという思いだった。

しかしこの目論見は外れ、会議所は公園の必要性は認めるものの、日本人自体がまだそこまでの文明開化に至っておらず時期尚早であるから、とりあえず半分は公園として整備し、残りの半分は貸座敷や飲食店の営業を許可して地代を公園管理費に充てるという案をだした。府としては地代収入を経営資金にする姑息なものではなく、堂々と税収を充てたいと模索はしたが、結局は会議所案で落ち着くほかはなかった。

もうひとつこのころの公園を語るうえで見逃せないのは、公園選定令がだされる前日に発布された、「全国城郭存廃ノ処分並兵営地等撰定方」という太政官布告で、通称廃城令と呼ばれているものである。存城となった城郭はしばらくは陸軍が所有していたが、廃城となった城郭は跡地を元藩主に払い下げられるなどして、多くは管理が行き届かずしだいに荒れていった。しばらく経過すると、その土地の象徴として長きにわたり存在してきた城郭が荒れていくことは忍びないという声が各地であがるようになり、公園にかかる費用の捻出は苦しくても、それまでの象徴を放っておくことはできないし、誰もが楽しめる立派な場所になることは新たな誇りとなるから、各地で城址の公園化はつぎつぎと進められていった。

都市計画は外国人居留地と銀座大火から

御一新なった東京ではそれまで江戸の街を保ってきた武士が郷里へと帰り、街の規模を支えられなくなって農地へと帰す政策がとられた。これにしたがって桑茶畑が広がり始めたころ、東京の凋落をとどめたのは築地居留地と横浜の外国人の往来だった。西洋とわたりあえる首都としなければならない東京では、取り急ぎ外国人に体面を保つため道路と鉄道の整備に取りかかった。

明治四年（一八七一）に、維新で財政的手腕を発揮した由利公正《ゆりきみまさ》が東京府知事となってから、東京を農地へ帰そうとする桑茶令は廃止され、立て直しが本格的に動きだした。道路も鉄道も、ともに築地居留地に近い銀座地区から始まった。そんな矢先の明治五年（一八七二）二月二十六日、由利邸を含む銀座一帯を焼き尽くす火事が発生した。銀座大火である。東京再興の出発点である銀座の焼失は、新政府および東京府の要人に文明開化の街としての銀座再建を決意させた。

木造家屋の密集する江戸の街で華といわれるほどに頻発した火事を防ぐことが銀座再建の主題とされ、道路改正と建物の煉瓦化による銀座煉瓦街計画が立てられた。この動きは速く、発災から六日目の三月二日に布告された。しかし実現は難航する。財政的な問題や煉瓦という新素材への懸念、材料確保などの問題で着工は遅れ、五年を経た明治十年（一八七七）になってやっと計画は竣工した。できた当時は高額な払い下げ料や湿気などの環境の問題で空き家が目立ったが、ようやく十五年ころには埋まり、二十年以降は各地に人の集まるところとして銀座の名称が使われるようになるほどの隆盛となった。

銀座煉瓦街計画以降も防火は東京の街づくりにおいて大きなテーマであり、煉瓦街化へのむずかしさを経験した東京府知事松田道之は、明治十四年（一八八一）に防火を目的に絞った東京防火令を発布している。これは建物を煉瓦造に限定せず石造でも蔵造でもよいとしたが、結果的には伝統的な蔵造が圧倒的に採用されるという結果をもたらした。

楠本正隆知事から始まった東京市区改正計画

銀座煉瓦街計画が落ち着いた明治十一年（一八七八）、楠本正隆は権知事から知事へと昇任した。銀座の煉瓦街化以降、東京は防火に専念する都市の改変を計画してきたが、一方で楠本は江戸のころから引き継いでいた東京の市街区域の見直しをおこなっている。これは都市を改造する場合などに優先度を変えるエリアのランキングといったもので、都市化の優先度が高いエリアは有力な商工業者を住まわせ、繁華街をなしてしまおうというものだった。この考えは楠本のあとの松田知事に引き継がれ、エリアを区切って住む人を選ぶ中央市区論と、国際貿易港としての新港建設論へと発展した。

しかし、これらは松田の急逝により明治十五年、第八代東京府知事芳川顕正に手渡され、芳川はむずかしい築港論を撤回してより現実的な道路や水道の計画に力を注いだ。芳川の知事就任は、のちに長岡安平にも影響を与えることになる。芳川が手がけたこの計画は、明治十七年（一八八四）に市区改正意見書としてまとめられ、内務省に上申された。これは市区改正芳川案と呼ばれ、日本の都市計画の最初となった。

　市区改正芳川案はその主題を交通計画においているとされ、内容は規模、用途地域制、道路計画、鉄道計画、運河計画、橋梁計画に分かれていた。計画の規模を江戸の範囲である旧朱引よりもひとまわり小さくし、町地、官省地、邸宅地という三つの用途地域に分けた。道路は一等一類および二類から五等まで幅員によって六段階に分け、どこからどこまでの路線を何等道路とするといったふうに決めている。鉄道計画はすでに南北両方向へ開通している新橋駅と上野駅を結び、路線を接続することが目指された。このあいだの駅は鍛冶橋（今の東京駅付近）と万世橋の北（今の秋葉原駅付近）の二カ所計画されている。また運河計画では十五本もの新設運河を計画し、橋梁計画では道路のように幅員によって一等から四等までの四段階が計画されたが、一等一類道路の幅員十五間に対して一等橋梁幅員十間と橋梁で道路幅が狭くなる計画となっていた。こうしてみると芳川案はいかにも交通中心の計画で一般的にもそのように評価されているが、一等道路の末端を上野公園、芝公園、浅草公園としており、とくにこのころ浅草公園の改良が盛んにおこなわれていることから、公園との関係性もうかがえる。そしてこの浅草公園改良への尽力により、長岡は勤勉のため賞与を受けているのである。

芳川案を受けた内務卿山縣有朋《やまがたありとも》はこの案が適当かどうかの審査をするため、審査会の設置を太政官に求め、内務省内に市区改正審査会を設置した。会長は内務少輔を兼務していた芳川顕正本人である。委員は各省をはじめ警視庁、東京府から十四名が選ばれたが、渋沢栄一の要請により予定外に東京商工会から渋沢と益田孝が加わった。この審査会では芳川案をもとに、冒頭より前任の松田の計画から引っこめた築港論がでてくるなど、波乱の含みを持たせながら議論が進められた。

長与専斎衛生局長が公園計画を支援

各論において子細な検討がおこなわれているが、公園についてのやり取りをみると、まずは内務大書記官山崎直胤が全体の印象のなかで公園のある風景を含むパリのような街づくりを語った。そのあと個別的な公園の意見は長与専斎が口火を切る。長与は公園の必要性について、とくに人家が密集しているところではひとたび火災が起これば避難できるところもなく、第一こうした繁華なところに公園がなければ空気をよくすることもできない。ヨーロッパには公園のない都市などないが、日本では社寺がわずかにその役割を担うだけで、その社寺もだんだんと縮小してきていると説く。さらに元来日本人は室内の遊興にふけり、不健康このうえないことだが、これも公園のように健康的に過ごす場所がないからだという。そういう長与も長岡と同じ大村藩出身で、このときは内務省衛生局長を務めていた。長岡安平、楠本正隆、長与専斎と、日本の公園史には長崎の大村出身者がキーパーソンになっている。

長与の発言についで警視庁の小野田元熙も、子どもたちに道路で遊ばれては交通に支障があるから公園は安全面でも必要であると述べ、陸軍砲兵大佐黒田久孝からは広場のあることは軍事上からも臨むべきことであると、それぞれの立場から公園の設置に賛同し、公園と広場設置の原案作成が長与専斎らに託された。

この原案によれば、都市に公園がないということは家に窓がなく身体に肺がないのと同じで、生活上空気を清浄に更新することができないとし、公園を設けて適度な運動と新鮮な大気によってつぎの日から心身を働かせる元気を補給しなければならないと説いている。具体的にはヨーロッパの複数都市と比較して遜色ない公園数を確保することとし、大遊園十カ所、小遊園四十三カ所が計画された。このとき大遊園は社寺境内に設けられ、公園選定令の踏襲の印象があるが、小遊園はほとんどが新たに設けられる計画で、大道路の交差点に面し、小学校と警察署と密接にかかわって配置された。

こうした審査会の八カ月の審議を経た明治十八年（一八八五）十月、市区改正芳川案は大きく修正をされ、市区改正審査会案として内務省に答申された。さっそく、内務卿山縣有朋は案の了承と内務省内への東京市区改正局設置を太政官に求めたが、なかなか勅許が下りない。そのまま何の動きもなく二年が経過してしまった。市区改正案了承と市区改正局設置を阻害していたのは、外務省が主導する官庁集中計画だったのである。

官庁集中計画にドイツ人の知恵

官庁集中計画とは、方々にあった官庁を一カ所に集めるという計画だが、内務省が市区改正局を上申したとき、外務省はこの官庁集中計画のための臨時建築局の設置を上申し、外務卿井上馨を総裁としてこちらが認可されてしまった。なぜ外務省が都市計画か疑問に思うところだが、じつはこの官庁集中計画は、官庁を一カ所に集めた都市をつくることのその先に、欧米諸国との不平等条約の改正という目的があったのである。つまり改正交渉にあたるについて少しでも有利に進めるため、欧米諸国と対等に渡り合う文明的な都市の姿が必要だというのが外務省の思いだった。

明治十七年（一八八四）、外務卿井上馨は鹿鳴館を設計したジョサイア・コンドルを迎え、官庁集中計画の検討に取りかかり、早くも翌年一月には試案ができあがったが、二案あったコンドルの案はどちらも井上には受け入れられず、お蔵入りとなった。しかし井上は着実に計画を前に進めていく。明治十八年（一八八五）十二月に内閣が発足し、初代外務大臣となった井上は、条約改正交渉をすぐ先に控えた翌一月臨時建築局の設置を上申して二月には許され、すぐさま組織固めに動いた。コンドルに代わる設計者は本場ドイツから招聘することを決め、ドイツ政府から建築家ヘルマン・エンデを迎えた。エンデはともに日本で働くパートナーとして事務所の共同経営者ウィルヘルム・ベックマンを連れ、ベックマンを日本との契約者として来日する。そしてわずか二カ月ののち、官庁街の配置図ができた。

さらに井上は官庁街だけでなく、もっと広範な計画をベックマンに依頼し、この年の末、内務省が進める市区改正を外務省の所管に移す建議を内閣総理大臣に提出する。さらに明治二十年（一八八七）三月にはベックマンらの紹介で、近代ベルリンをつくったともいえる大物、ホープレヒトを招聘したが、ホープレヒトは約一カ月半の滞在でベックマンの案をまったく変えてしまった。ベックマン案の図面を整えて戻ったエンデだったが、待ち受けていたホープレヒト案を受け入れざるをえず、最後はエンデがホープレヒト案をもとに具体的な官庁配置を設計して落ち着いた。

この間、市区改正案を棚上げにされつづけてきた内務省は、外務省への吸収まで持ち出され、山縣有朋の内閣総理大臣への談判もむなしく行き場を失ってしまっていた。一方的に外務省に押し切られ、前にもうしろにも進むことができない内務省の市区改正案の長い休眠に出口がみえたのは、エンデが官庁集中計画を仕上げて帰国してからわずか一カ月足らずの七月だった。しかもその出口の先はこれまでの経緯からは思いもよらない方向だった。外務大臣井上馨を全権とする不平等条約改正交渉が決裂したのである。井上は責任を取って大臣を辞職、ここから一気に内務省が形勢を逆転して臨時建設局は内務省の麾下に移され、芳川顕正によって解体された。

さんざん待たされた内務省は、今度は組織の新設ではなく条例の発布で実現を図る。年が明けた明治二十一年（一八八八）早々山縣有朋は市区改正の復活を内閣に諮り、元老院の反対を押し切ってこの年八月十六日に東京市区改正条例の公布を実現させた。芳川案の提出から四年後のことである。

西洋式にこだわった日比谷公園の設計

市区改正条例の公布を受け、実現のための委員会が内務省内に組織された。委員長は内務次官の芳川顕正が審査会につづいて引き受け、委員には長与専斎、渋沢栄一ら十名余りによって明治二十一年十月から二十二年三月にかけて議論が進められた。検討の下敷きは審査会案だったが、眠っていたあいだの人口急増を鑑み、計画市域をほぼ倍増させている。

公園はというと、審査会案では大小二種類の遊園が計画されていたが、これを合わせてひとつとし、名称も公園に変更された。変更されたのは名称だけではない。その配置計画も大きく変わり、下町の建物が密集した地域に新たに計画されていた公園は削除され、代わりに山手の社寺が公園に転用された。数としては四十九カ所と立派だが、中身は明治六年の公園選定令まで戻ってしまった感覚はぬぐえない。

とにかく半年かけて議論された市区改正は、条例公布から九カ月経った明治二十二年（一八八九）五月二十日、東京市区改正設計として公布され、やっと現実の都市に歩みを進めることとなった。しかし今度は市区改正の前に財政難の壁が立ち塞がり、なかなか工事は進まない。公園については設計公示の年のうちに、長岡安平の設計によって坂本町公園が開園したもののあとがつづかない。結局その後はやっとの思いで明治三十六年（一九〇三）に日比谷公園の開園にこぎつけたという状態だった。

日比谷公園は、官庁集中計画の意も酌んだ市区改正設計の、官庁計画地霞ケ関と商業計画地丸の内のあいだに位置する、公園としては抜きんでた存在だった。それだけに設計は遅れに遅れ、明治二十六年（一八九三）に検討が始められたにもかかわらず、設計が決まったのが明治三十四年、開園は明治三十六年まで待たなければならない。なぜこれほどまでに時間がかかったかといえば、日比谷公園の担った公園像に原因がある。つまり、それまでの社寺を指定した公園ではなく、西洋と対等に渡り合える風格を持った西洋式公園としての姿である。

明治二十六年二月三日、日比谷公園を練兵場跡地につくることが告示され、最初の設計は日本園芸会に委託された。日本園芸会案ができたのは二十七年九月だったが、内容は日本庭園風であり、市参事会は公共の集合と運動に適する平坦で広い園地を望み、採用されなかった。つづいては市会から建議のあった公園改良取調委員が三十一年十一月に案を提出したが、これも純日本風で新規性がなく、洋式化を求める市会には受け入れられなかった。この取調委員には長岡も含まれていたようで、坂本町公園改良設計図とともに、数枚の日比谷公園計画図も長岡の図面として残されており、まだまだ実績のないころの悔しい経験である。今度は趣向を変えて建築家辰野金吾に依頼し、長岡と相談してまったく整形の広場を主とした設計ができあがったが、これも採用にいたらない。そろそろ市参事会の星亨議長も我慢しきれなくなって用地を陸軍省へ返還してしまえと市長に迫る事態となり、明治三十三年、辰野金吾に押しつけられるかたちで林学博士本多静六が設計を請け負うこととなった。

これまでさんざん廃案をつくりだしてきた日比谷公園設計である。本多は慎重にならざるをえなかっただろう状況もあり、園芸家の福羽逸人や造園家の小沢圭次郎といった当時の第一人者と相談しながら設計をつくりあげた。基本的なデザインはドイツ・ドレスデン園芸学校教授で造園学者のベルトラムの図案を本のなかから拝借し、一部に小沢が日本庭園を設計することでまとめた。この案がやっと参事会で認められ、翌三十五年に起工式にこぎつけた。ただし、日本庭園部分は認められず、あくまで西洋式にこだわったことがわかるのである。第一人者小沢に相談をもちかけたはよかっ

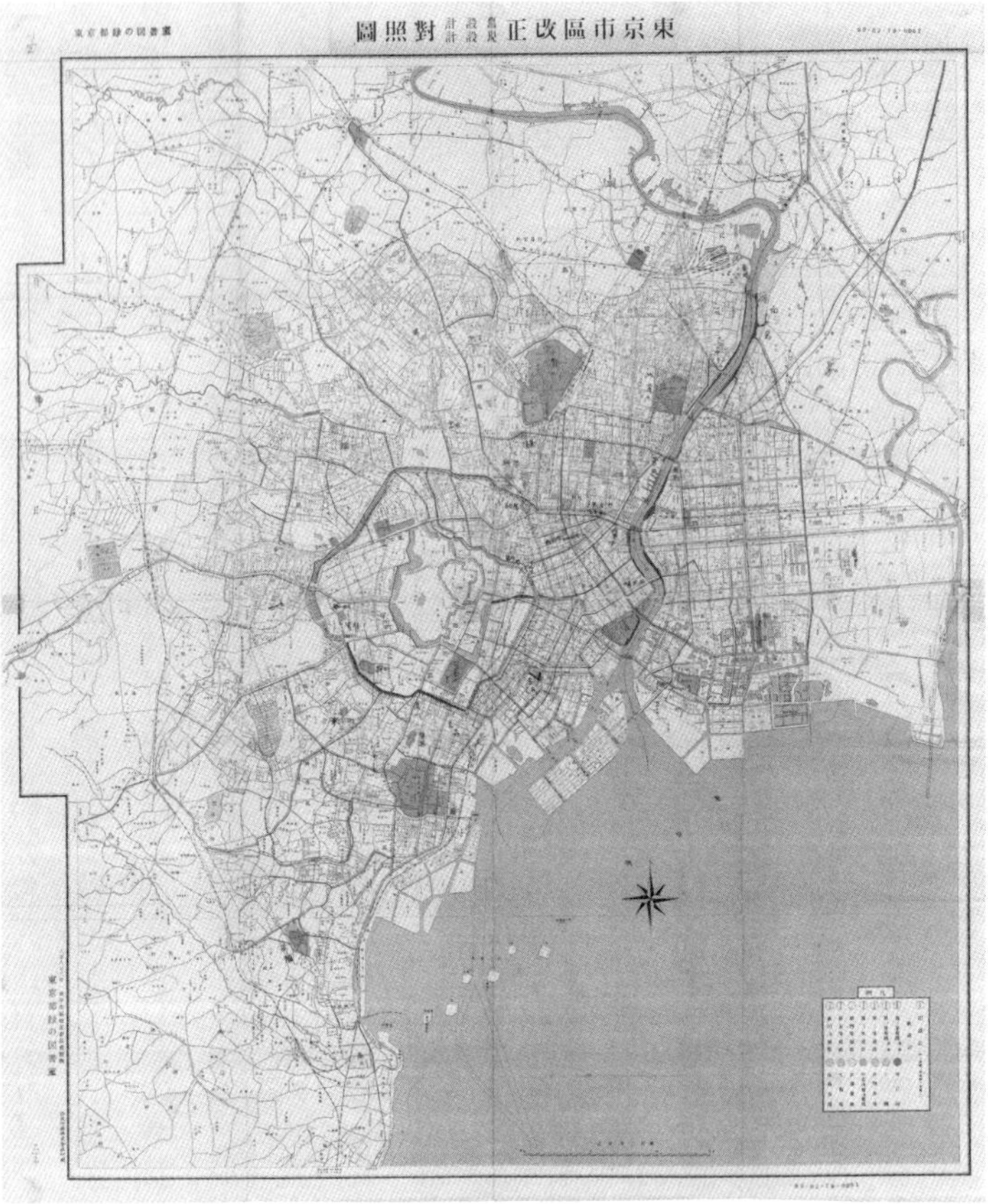

東京市区改正旧設計新設計対照図

たが、結局自分の設計部分だけ採用になった本多の気持ちを推し量れば、居心地の悪さも感じさせる気まずい判断となった。

進む都市計画と公園事業

日比谷公園がやっと起工されようかというころ、肝心の市区改正設計は財政難に窮し、やむなく委員会は計画の縮小を決める。縮小は道路の降格や除外、運河の削減など甚だしく、皇居周辺の骨格は残したが、大幅に小さくなった計画に仕上げられ、明治三十六年三月三十一日に公示された。こちらを市区改正新設計と呼んでおり、それまでの委員会案はこれ以降旧設計と呼ばれることとなる。縮小は公園も例外ではなく、旧設計で計画された四十九の公園のうち、新設計で二十七カ所が削除された。残されたのは二十二カ所と半分以下である。そして明治三十七、三十八年の日露戦争ではまた工事が滞ったが、一転して戦役明けは東京への人口集中が始まり、やっと市区改正は軌道に乗り、それどころか急ぎ成し遂げるための促成策も取られるまでになった。

その勢いに乗じて公園も明治四十二年（一九〇九）に旧設計神田公園の計画が御茶ノ水公園として復活したのを皮切りに、明治四十四年には旧設計から二カ所が復活、さらに同時に六カ所の公園が追加された。大正三年（一九一四）にはまた一カ所追加され、このころには市区改正もほぼ完了したが、その後も大正七年に二カ所、翌八年に一カ所、昭和三年（一九二八）に最後の計画である宮本公園が追加され、ここまでが新設計の公園となっている。

このように日本の都市計画と公園の基礎がかたちづくられる時代に、日本の首都として諸外国に恥ずかしくない都市づくりを進める東京において、まったくの当事者として必ずしも順風満帆ではない公園事業に取り組んでいたのが、若き日の長岡安平なのである。

第三章

長岡安平、全国への躍進

東京府から東京市へ

最初の千秋公園設計からまもない明治三十一年（一八九八）十月、五十七歳となった長岡安平は非職、つまり休職を命じられ、同時に東京市事務員として土木部地理課に勤務することとなった。これはただ転職したのではない。東京市は、特別市制により明治二十二年にその名称を誕生させたが、東京市長は東京府知事が兼務しており市はまだ役所を持っていなかった。晴れて東京市役所が発足し、名実ともに東京市が動きだしたのが三十一年十月で、長岡はこのときの公園移管にあわせて、新設された土木部地理課に配属となったのである。

広島市からの公園設計依頼

翌明治三十二年（一八九九）、今度は東京市吏員として、長岡は二度目の東京以外での公園設計となる広島市からの依頼を受けて比治山、江波の二つの公園を設計した。先に書いたとおり、これは千秋公園での実績を買われて広島市長から東京市長へと伝えられたものだった。このあとも設計依頼については、たとえば北海道の中島公園のときは「全国公園にして氏の与《くみ》し設計したもの甚《はなは》だ多」いので、あるいは福井県三秀園のときも「足羽山公園の設計者たる長岡安平氏を」招いて、兼六園の改修も「卯辰山公園の設計を為したる東京の長岡安平氏」にということが伝えられており、実績がつぎの実績へとつながって全国へと広がっていったことがわかる。

この年の広島行きは秋田につづいて小林惣吉が同行した。前日から雨が降り、八月三十日にもかかわらず袷《あわせ》の羽織を着るほどの寒さのなかの出発だった。汽車を乗り継ぎ三十一日は金沢の兼六園へ寄り道したので、広島に着いたのは九月一日の夜である。この日は夜も遅く、広島市役所の手配のあった荒神町（広島市南区）の旅館大隅にはいった。

翌日、広島市書記官の藤田の迎えによりまずは市役所を訪れて市長伴資健らと面会し、その後現在の広島県立病院の地にあった元広島藩浅野家中屋敷庭園予楽園を観覧した。このころの予楽園は日曜日のみ市民の観覧を許していたそうだが、長岡は藤田をともない土曜日のこの日に訪れている。元大名の庭である。公開しているとはいえまだまだ庶民が気軽に楽しめる場ではない。これも午前中にはすませ、午後には比治《ひじ》山《やま》公園地にはいった。夕方まで公園地をみてまわった印象を、天然の大きな岩や木があり、マツ林となっているのが絶景だと残している。

つぎの日の日曜日、広島市第一課長の津村光萃と藤田書記の案内で浅野家別邸泉邸縮景園と、浅野氏を祀る饒津《にぎつ》神社を県の公園とした饒津公園をみた。饒津公園では比治山での印象と打って変わって、別にみるべきものはないという味気ない感想であった。つづいて江波公園地を踏査し、こちらはマツ林で宮島と対峙しており、海岸は天然の岩でまた絶景だと設計に意欲を感じさせる。この日はこれだけですませ、午後には有名な料理屋山史で鱧《はも》づくしを食べて一日を終えた。

翌四日からは本格的に設計を始め、まずは比治山公園の山道の草刈りや見分、測量などを二日間にわたっておこなっている。しかし、六日からは連日雨となり市役所での市長との面談や来客の対応に過ごしたほか、母親の十三回忌法要を現地の妙詠寺で執りおこなったり、厳島神社へ参詣したりしているうちに一週間が過ぎてしまった。このあいだも天気が回復しているうちは現場へいったり、土木係員を作業に向かわせたりはしていたが、しっかりと設計に時間が取れたのは十二日になってからだった。それからは測量員や土木係も加わり、草刈りや測量、土木作業員の見積もり、水道事務所との打ち合わせなどの業務を進め、十六日には図面を描くために下村という絵師も雇っているが、招魂社祭や記念祭といったイベントも楽しみながらの日々であった。

十七日の日曜日はいったん公園の設計から離れ、市役所の衛生医島通章から招待を受け安芸《あき》郡中野村（広島市安芸区）の島通修邸の庭園設計に出向いている。島家は元浅野藩の藩医で、当主の通修は三十五歳と若いが、伯父の通章とともに医師であり二百人の患者を抱えている。こうした設計地の有力者や仕事のつながりのある人から招待を受けて庭をみることは多く、ときには改良のためのアドバイスも頼まれて観覧に合わせて指図や設計をすることもあった。実際にこのときも公園の設計をほぼ終えた十月七日にもう一度島邸を訪れ、庭園についての相談と設計をおこなっている。

このほか九月二十九日には広島市で有力な資産家で広島銀行頭取などを務めた保田八十吉からも招待を受け、市長や助役ほか市吏員とともに訪れて豪華なもてなしに感激しているし、十月一日には古くは茶人でもある上田宗箇が築いた萬春園や、元備後三原城主浅野氏の庭園萬象園を訪れてよく観察している。秋田でも地元のもてなしや庭園の見物を忙しい公園設計の合間にこなしているから、こうした付き合いも遠い地での長い設計旅行のあいだのひとつの大きな楽しみだったのだろう。

広島出張の成果

さて、長岡が島邸を訪れているあいだにも下村絵師は仕事をつづけて二日間で比治山公園の実測図を仕上げ、そのあとも連日図面調製のために長岡のもとにきていた。そんななか九月十九日には藤田書記らと小林、そして下村絵師も連れて江波公園に実測と設計のため出張した。まだ比治山公園の仕事は終えていないが、同時進行で二つの公園の設計を手がけている。

比治山公園の設計はつづけられ、このころには現場での実測図との比較や作業員を入れての測量、図面の作成と慌ただしく過ごし、設計を始めて三週間後の二十六日に設計図を仕上げた。翌日にはさっそくできあがった設計図を市役所へと送り、下村絵師は江波公園の設計図調製に取りかかる。長岡はまだしばらく比治山公園の設計書を書き上げるために現場へと出張し、三十日に比治山公園のすべての設計を終えた。江波公園のほうも設計を進め、十月にはいってからは連日設計書をまとめており、五日には市参事会への提出と説明をしてほぼ広島市から頼まれた業務は終了となった。

市長から依頼のあった設計を、一カ月余りかけて現地で指揮した長岡の働きに対する喜びは大きかったらしく、参事会への説明を終えた翌日、市長じきじきの招待で労をねぎらう宴が催された。場所は元家老邸宅春和園（広島市中区国泰寺町）にある最上の割烹店で、伴市長をはじめ林助役、津村第一課長、山本第二課長、藤田書記という面々でのもてなしは、両公園の設計が成ったことへの感謝を感じさせるに十分である。翌日はまた、猿猴橋（広島市南区）のたもとの吉本楼で津村、藤田、籏垣、小林との席を持っており、前日が公式な謝礼の会であれば、翌日はこの一カ月をともに同じ公園設計の現場で過ごした仲間との送別会だった。

広島を離れるのは翌々日に迫っている。別れの前日長岡は市長や助役らにいとまを請う挨拶にでかけ、津村課長のところでは藤田書記もきていて酒肴の用意があった。名残は尽きず、宿に戻ってからも藤田を招き、夜遅くまでにぎにぎしく語り合った。広島に来た最初から行動を共にした藤田書記とは惜別の感大きく、この日の送別の会を終えた夜、藤田にはあらためてこれで広島を去ることをきっちりと挨拶した。

出発の日の朝は早い。十月九日午前六時十分、津村や藤田、宿舎として過ごした大隅の主人らに見送られ広島を発った。帰途、尾道ではつぎなる仕事となる瀬戸田町の大家得能氏の庭園設計の依頼を受け、十一日にこの設計旅行を終えた。

設計旅行のたびに克明な日記

ところで、明治時代にこれだけ全国へと出向いた旅行そのものについて少しふれておきたい。設計旅行の日記には「上野発午後六時の汽車に田中真次郎と一同乗車」「午後九時新橋発急行にて出発す」などとあり、ほとんどの場合夜行列車を利用していた。広島への設計旅行のときは東京から神戸までおよそ二十時間、神戸から広島までがおよそ十時間かかった時代である。現代のように速いわけではなく、乗り心地もよくはない汽車で毎年何度も遠方にでかけていることは、それだけで苦労に頭のさがる思いだが、よく眠れたと書いていたり、弁当や車窓の景色を楽しんでいたりするから、案外当時の人は苦としていなかったのかもしれない。

長岡が地方への設計旅行を増やしてきたころである明治三十九年（一九〇六）の鉄道網をみると、意外に全国に巡らされていることがわかる。鉄道の最初は明治五年（一八七二）の新橋・横浜間だったが、三十年経ってこれだけの全国網に成長していた。ただし官庁集中計画で議論されていた中央駅たる東京駅はこのときにはまだなく、各方面につながるのは大正三年（一九一四）まで待たなければならない。長岡の設計旅行でも北に向かうときは上野駅から、西へ向かうときは新橋から、内陸方面へ向かう

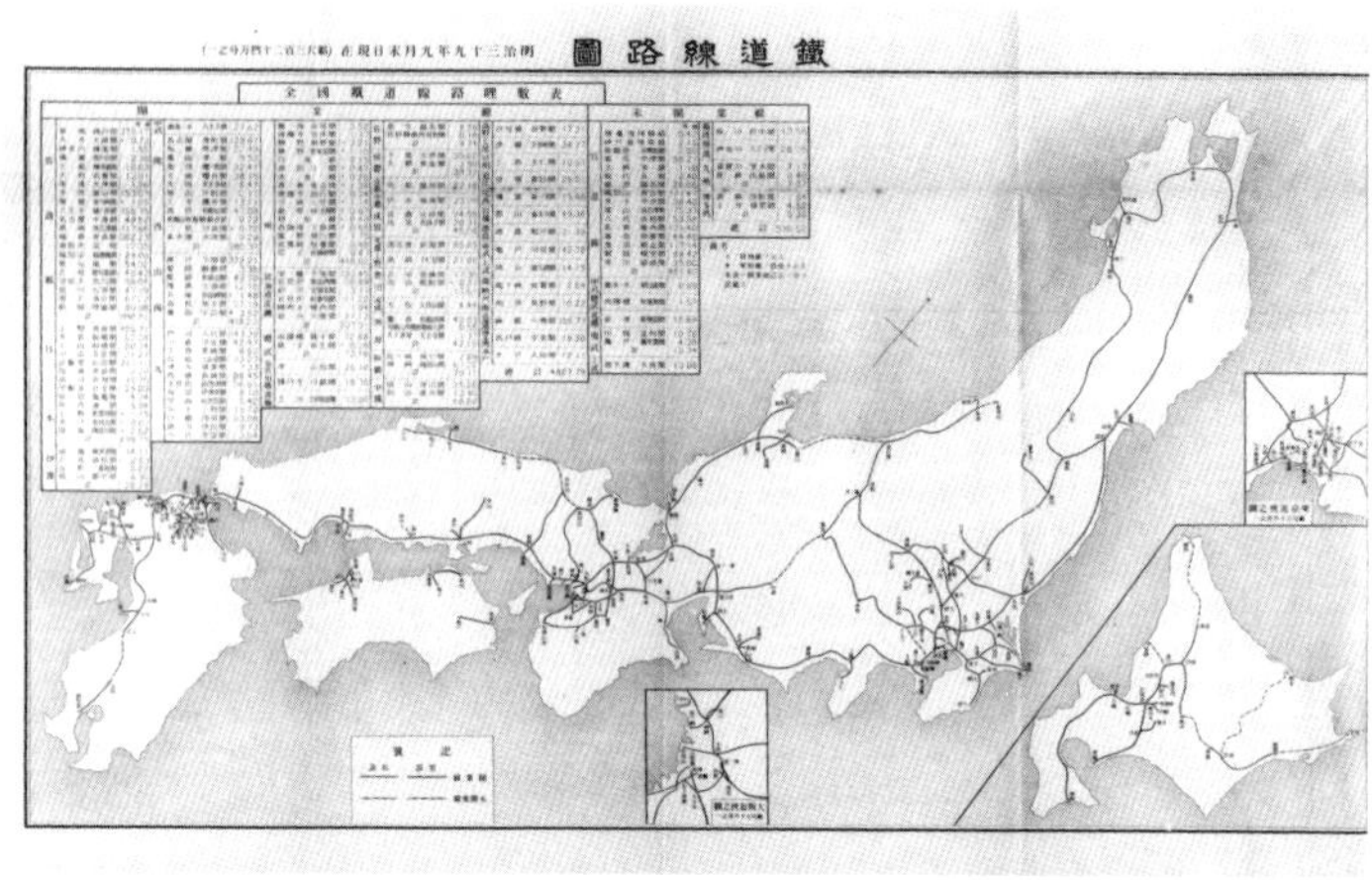

明治三十九年の鉄道網

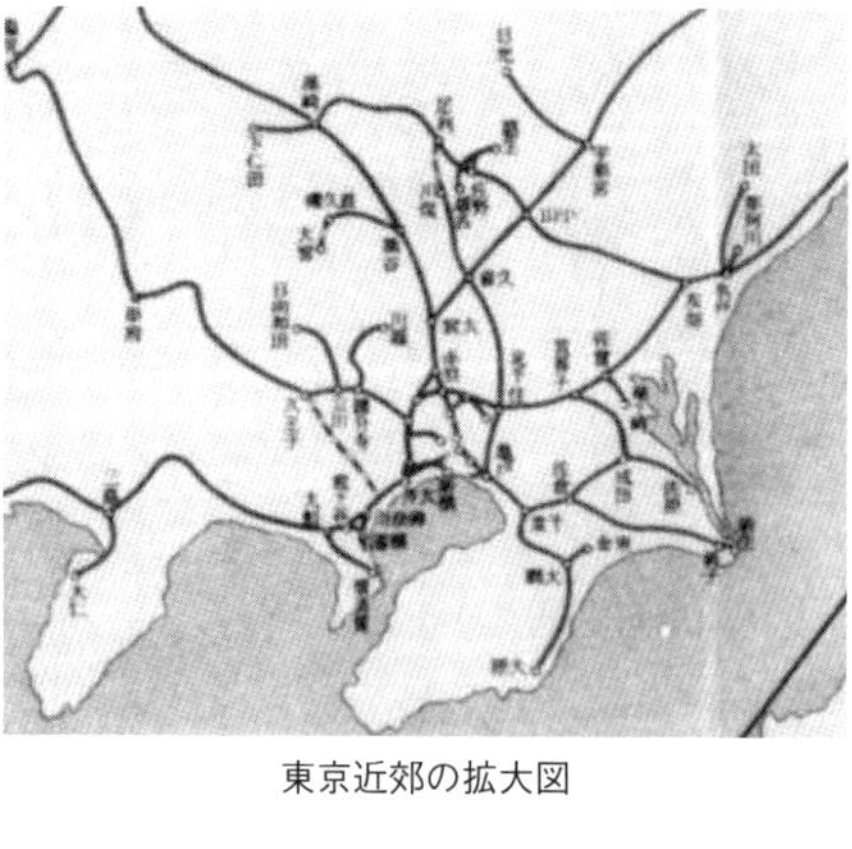

東京近郊の拡大図

ときは飯田町から乗車しており、三十九年の図と符号する。ある程度大きな都市へは汽車が使えたが、鉄道網が全国へと広がってきたとはいえどこへでもいけるはずはなく、走ってない場所の設計にいくときは、汽車よりも簡単な設備の馬車鉄道や軽便鉄道に乗った。それもなければ人力車に乗って、設計地までいっている。こうした交通事情だから、時間も体力も必要とする移動だっただろう。

一回の旅行のうちには依頼された公園の設計が一、二カ所あったが、このほかにも土地の有力者などの個人邸の庭園設計もしていたことはすでに述べた。これらの設計の経緯も手記に書かれており、「高知県庁ヨリ、公園設計依嘱」、「秋田行　県庁依嘱」といった見出しや、明治三十五年（一九〇二）のときは「当町大地主斎藤萬蔵氏別荘庭園図改良依頼有之」、明治四十三年（一九一〇）のときは「寺田隆造方庭園設計依頼ニ付、一覧」といった記述に知ることができる。旅行先で直接邸主あるいは邸主知人からの依頼があればすぐに訪れ、庭園を興味深く観察している様子は先に少し紹介したとおりである。こういった設計依頼は長岡が主たる目的として訪れた公園の、土地の役所関係者や議会議員、地方の富豪などの面々から受けたものであった。

設計期間中は目的地の近くの旅館を定宿として行動の拠点としていたが、ときには用意された定宿を入浴だけに使い、食事は取り寄せて設計公園などの敷地内にある建物を静かだからといって拠点とすることもあった。滞在中はこれらの定宿を連絡先として家族や関係者との信書類のやり取りをし、設計図書の作成もおこなっている。

それぞれの設計にはおおむね三週間から一カ月間を費やしているが、現地で依頼を受けた庭園設計は数日後に庭園を訪問し、その場で指示を済ませることがほとんどで、このため一日から二日間ほどだった。同じ設計という言葉は使っているが、やはり広さでも費用でも規模の違いを感じる設計時間の差である。

設計旅行には助手が同行しているが、記録に残っているなかではふたりの名前が知られる。明治二十九年(一八九六)の秋田から三十二年の広島まで同行した小林惣吉と、三十五年以降の田中真次郎である。助手は踏査や測量、設計書の清書といったことで長岡安平の設計業務を支えており、遠方の知らぬ土地へ一カ月以上も滞在する旅行で、いつもの助手がいっしょというのは仕事だけではなく心強かっただろう。

公園設計図は限りなく美しい

公園設計は依頼者に設計図書を提出して完了となるが、長岡安平の設計図書とはどんなものか。まずは設計図があり、公園の全体をどのようにつくるのかを絵で表現したものである。一目でイメージがつかめるし、どの部分がどうなるか、どれくらいの範囲かという位置関係や広さがわかりやすい。それから設計書がある。これは、この場所はこういうふうにするということを箇条書きで文字として書いているものである。

このふたつはセットで両方をみて設計の全貌がわかるようになっており、広い公園では設計図のなかに区画を区切ってあって、それが設計書の何区の設計という記述と対応している。そしてもうひとつ参考図というものがあり、設計書のなかでは書き切れないある部分の詳細な、たとえば四阿《あずまや》の立面図のように設計書を補完するために描いている図がいくつも束にされている。この三つで構成されているのが設計図書である。このほか公園設計の下調べとして踏査したときの、ここをこうするとか、ここはこうだという印象を書き連ねた踏査簿というものも設計資料としてあるが、これは成果として提出するものには含まれない。

設計書で完全なものは北海道の中島公園、福島県の南湖公園、秋田県の山本公園、広島県の厳島《いつくしま》公園と呉市公園、それから鳥取県の樗谿《おうちだに》公園くらいで例が少ないが、文字資料だから長岡の設計に対する考え方がよくわかる。これはのちほど詳しく触れることとして、たくさん現存している公園設計図は単なる図面としてみるにはもったいないくらい美しいので、少し詳しく紹介しておきたい。

設計図は一辺が一メートルを超える大きなものがほとんどで、なかには二メートルを超す特大の図面もあり、その多くが和紙に彩色を施している。設計図には基本的な情報として図面名、縮尺、設計者名、作成年、凡例が記載され、このうちいくつかの情報を記載しているものが多い。記載されていない項目があるのは、長岡が設計を引き受けたときに設計図書として依頼者へ設計図とともに設計書を提出していることから、一式として図面に記載しなくても判断ができたことによるほか、手元に保管していた控である可能性がある。長岡の設計工程として現地に赴いて踏査をしながら設計図書を仕上げ、完成しだい依頼者に提出しているので設計図も長岡本人の手によるのだが、同道した助手が補佐をしたり、現地で図面調製のための絵師を雇ったりしているので、助手の補佐をえながら、あるいは助手や絵師に指図をしながら作成したのだろう。

設計図の描写は多くが樹木や建築物が描かれ着彩されたもので、いわゆる平面図と

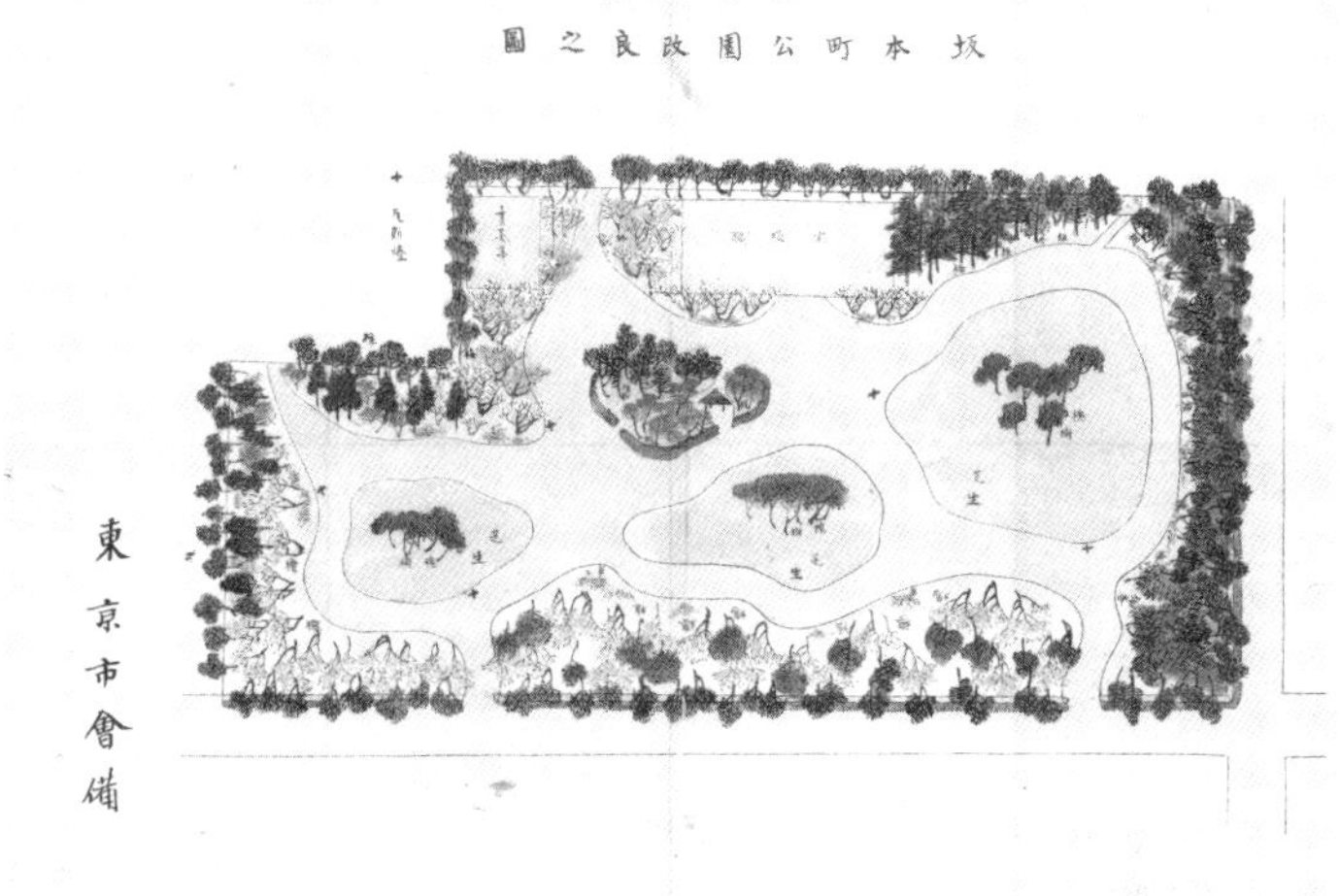

坂本町公園改良之図

して園路や植栽地、池などが区画され、それぞれ園路は茶系、植栽地は緑系、池などは青系で着色されている。これは現代の公園平面図にも普通にみられることであるが、特徴的なのは樹木と建物の描き方である。現代の平面図では、樹木は樹種ごとに変化を付けた円で上空から見下ろした樹木を表現し、建物は区画のみかあるいは間取図として描くのが普通である。

しかし長岡の設計図ではベースの平面図に対してこれらが俯瞰的に描かれ、しかも一定方向からではなく様々な方向からの視点となっている。これによって全体をみれば平面図だが、部分的にみればパース図あるいはスケッチにみえる。このためある程

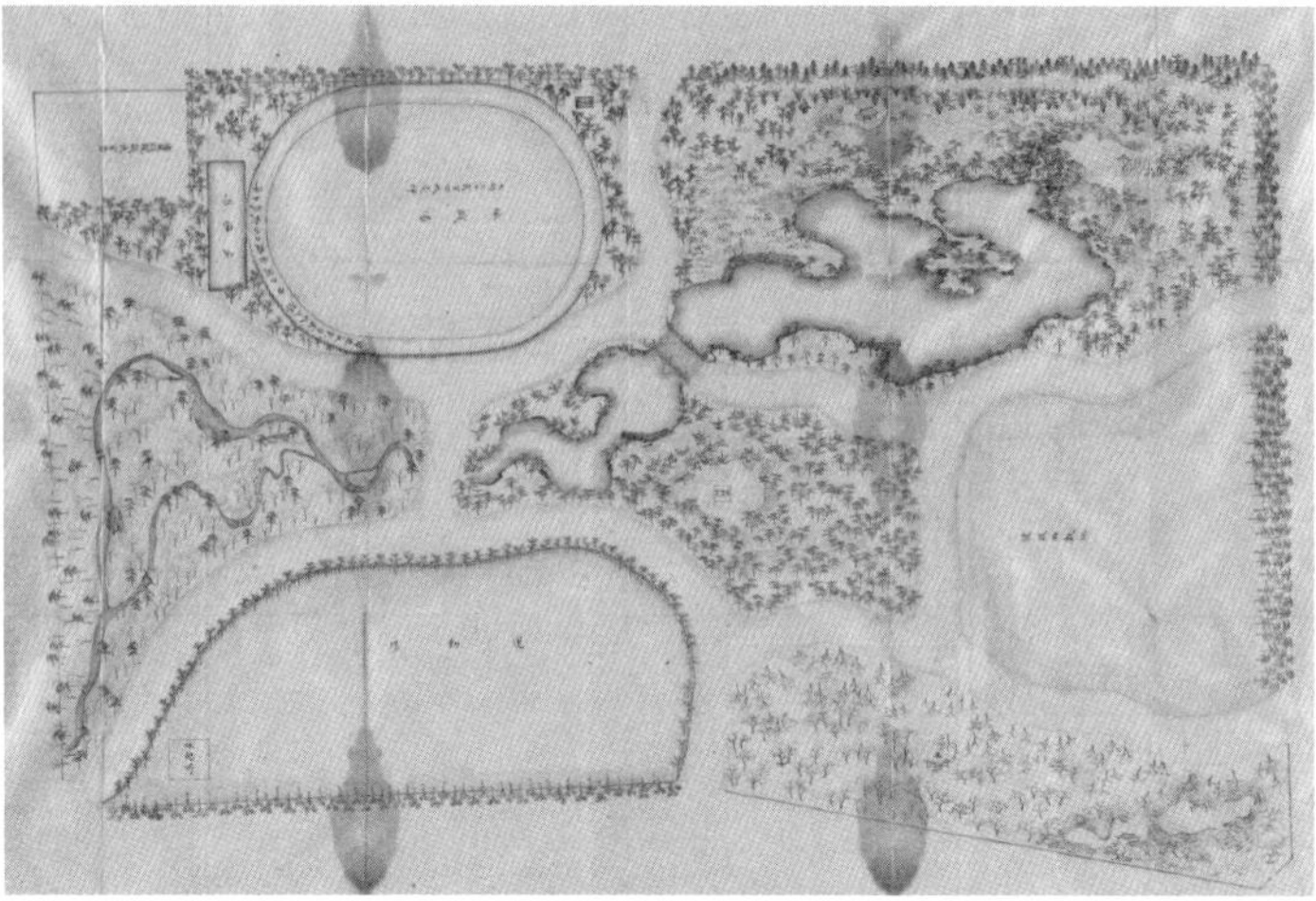

日比谷公園計画図（案）一

度樹種の書き分けができ、樹形や枝ぶりから樹種のイメージが伝わりやすい。また一枚の設計図のなかにサクラやウメに白やピンクの着色があるかと思えば、カエデが赤く色づいているというように、見ごろとなる季節を共在させているのも面白い。坂本町公園改良之図には、書き分けのほかに槐樹、桜、椎、桧、楓、銀杏、梅林といった文字で樹種が書きこまれており、ほかの図にはない特徴となっている。同じピンクで色を付けられたサクラとウメの描き分けは特徴をとらえており、絵だけでも判別が可能で殊勝である。

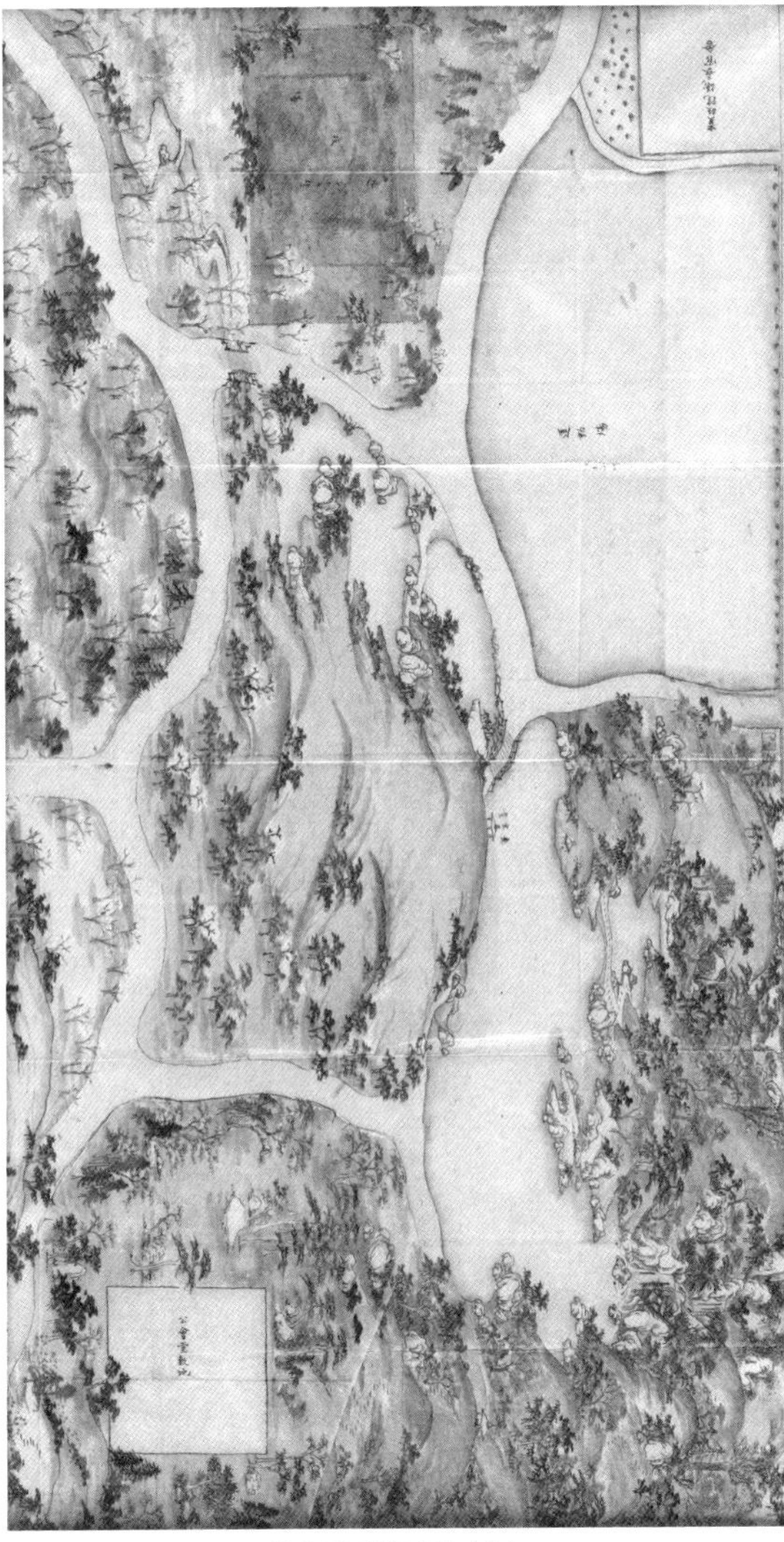

日比谷公園計画図（案）二

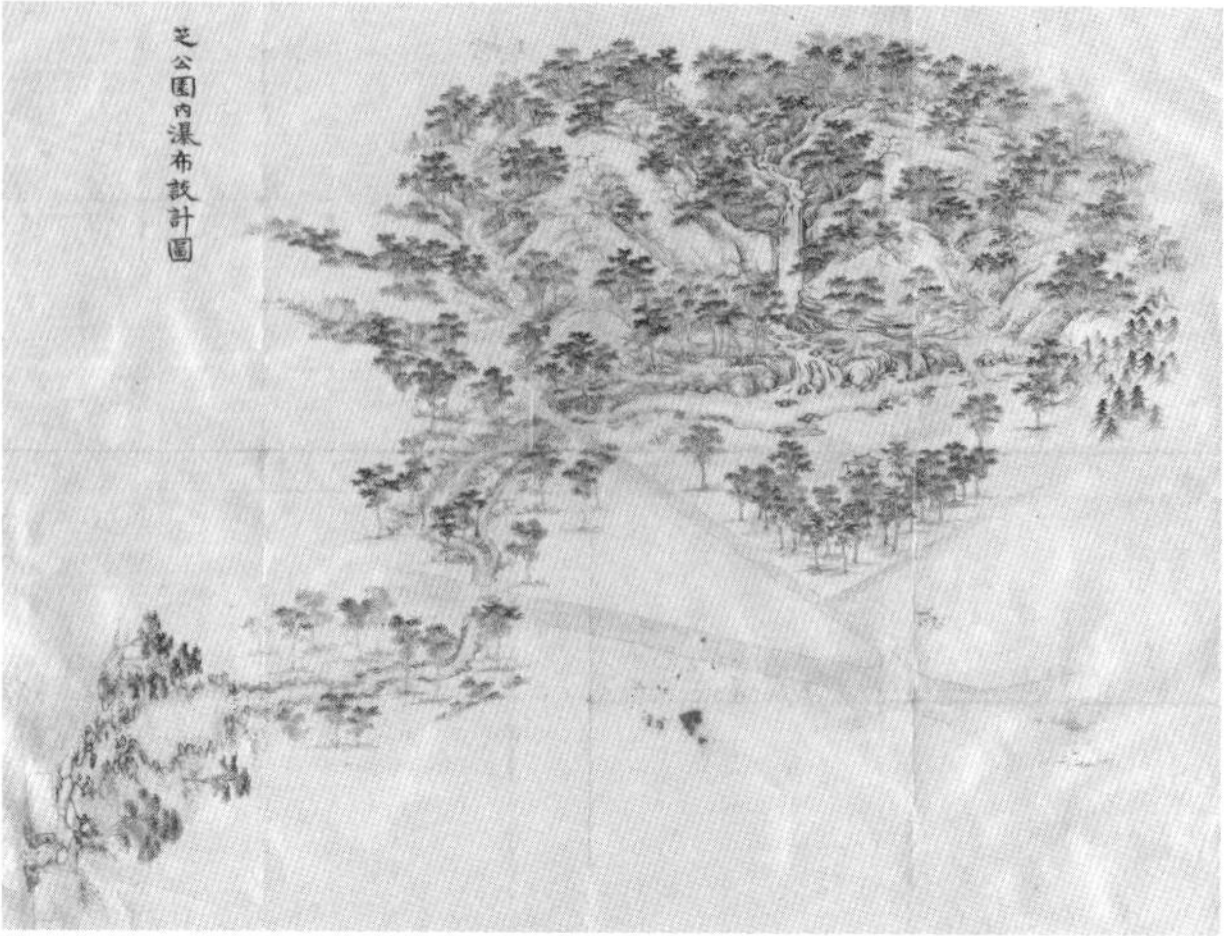

芝公園内瀑布設計図

日比谷公園計画図（案）に見る長岡安平設計図の特徴

日比谷公園計画図（案）一は坂本町公園に比べて樹木がまばらで、面的な着色ではなく丁寧に枝葉を描いている。園路や運動場、池なども一様に塗るのではなく、周囲を濃く中央を薄く塗り分けており軽やかな印象となっている。また築山も着色により表現されていて微地形の伝わる図面である。滝や島は多分にスケッチ的であるのも特徴である。日比谷公園計画図（案）二はもっとも多いタイプの特徴である樹木や建築物が描かれ着彩されたものではあるが、そのなかでも特殊なものといえる。公園区画や園路、建築物の建設予定地は平面図と

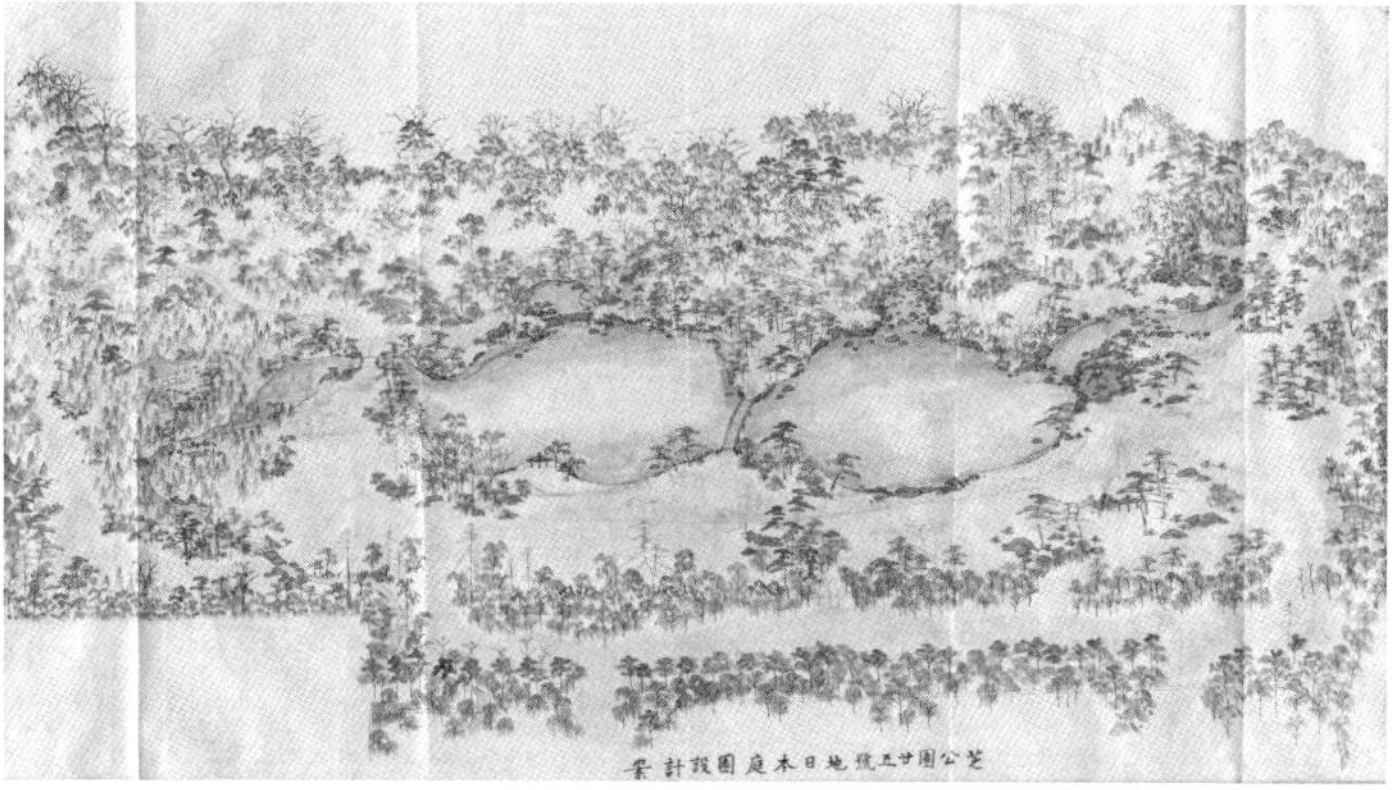

芝公園二十五号地日本庭園設計案

して描かれているものの、築山、樹木、石組、滝、流れ、橋などは立体的な描写がなされており、むしろスケッチ図といってもよい。これは同じ長岡の図面の芝公園内瀑布設計図や芝公園二十五号地日本庭園設計案に近いもので、初期の設計図の特徴として挙げられ図面の域にとどまらない秀逸な作品といえる。日比谷公園計画図（案）三は、これまで紹介した図面に比べ築山や滝の表現が無く平面的な描き方となっている。樹木は相変わらず横からの視点だが、記号的に黒一色で描かれてほかとの違いをみせている。全体的に色数が多く派手な図面に仕上げられてはいるが、樹木に季節感ある着色をされたほかの図面に比べると華やかさに欠ける印象がある。

江波公園設計図と比治山公園設計図は、樹木の描き方に共通性がありほかの図面と違ってほぼ黒一色で描かれている。江波公園設計図はとくに植栽地の色味と海に面する崖地の表現に特徴がみられ、比治山公園設計図は一色で描かれた樹木が大小様々で、またとくにほかのものよりも樹木を描く方向に統一性がなく、少し印象の異なる二枚である。

岩手県公園設計図や青森の合浦公園設計図、札幌大通火防線内樹木植栽設計図、高岡公園設計図などはどれも同じ特徴を持っており、長岡安平設計図のもっとも基本的なものである。樹木は広葉樹、針葉樹、花木が描き分けられ、園路や植栽地は薄く着色されている。これらは建物、樹木にスケッチ性がみられるものの、築山や微地形が描きこまれることはなく、現代の平面図に近いものとなっている。もっとも多いタイプの図面の最後に白河南湖公園改修設計原図と明石公園第二設計図をみると、基本的には先にあげた図面と類似だが、樹木の描写に葉を描かず枝振りだけを描くという変化がみられる。これはすでにこの場にあった樹木であり、色をつけられた樹木は新しく植えるかどこかから移植してくるもので、設計意図を含んだ描き分けである。この描き方によってもうひとつ副作用的に効果がえられているのは、葉によって園路が隠されることなく明快になっていることである。これらが長岡安平設計図のスタンダー

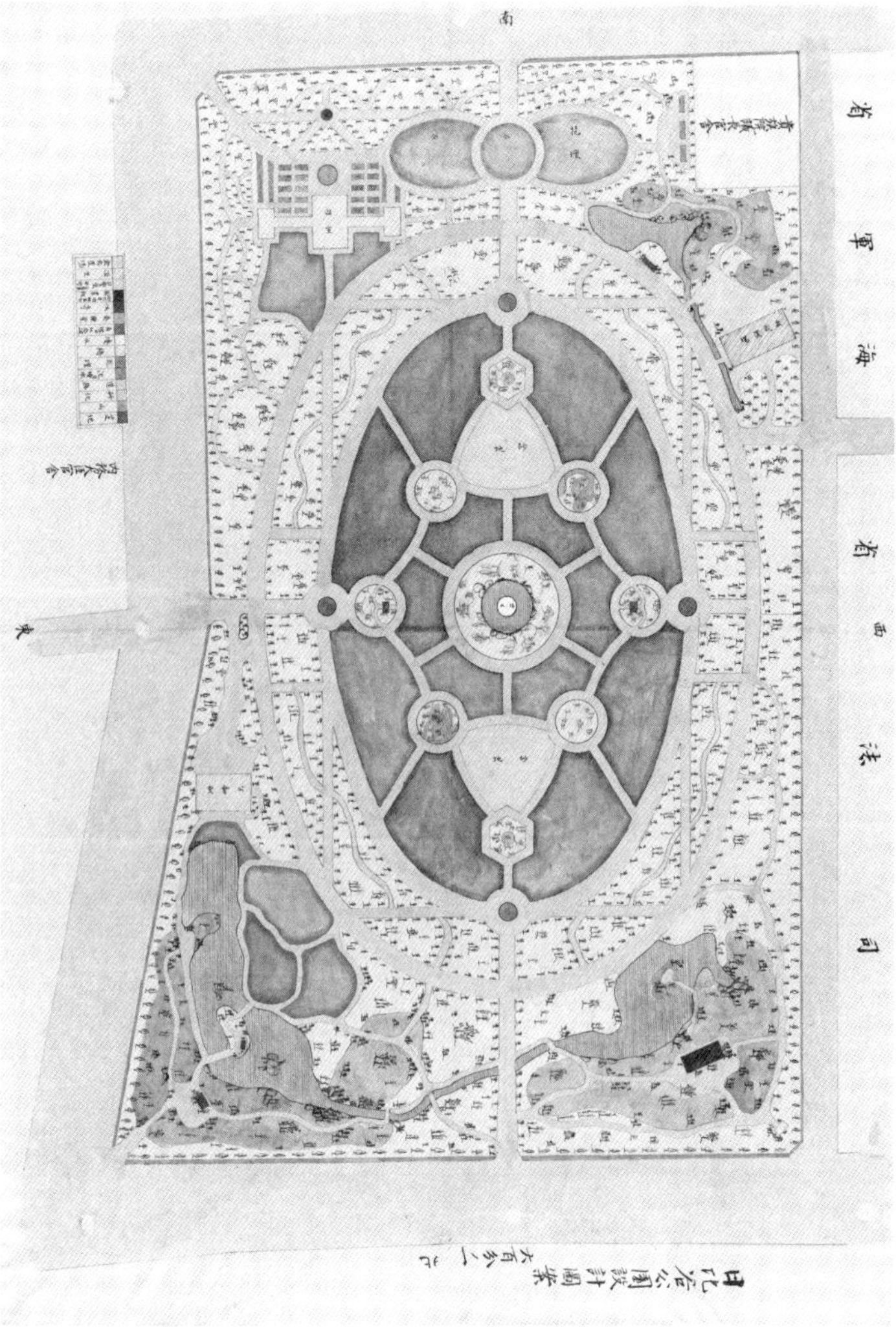

日比谷公園計画図（案）三

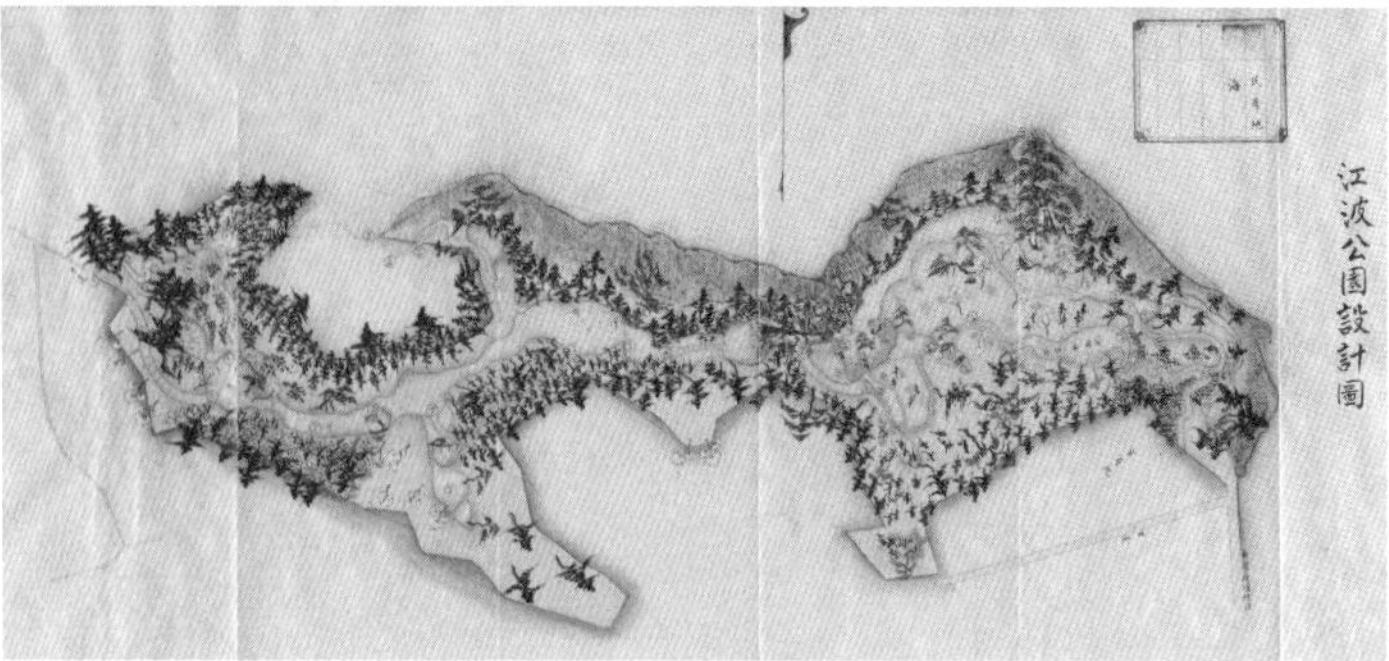

江波公園設計図

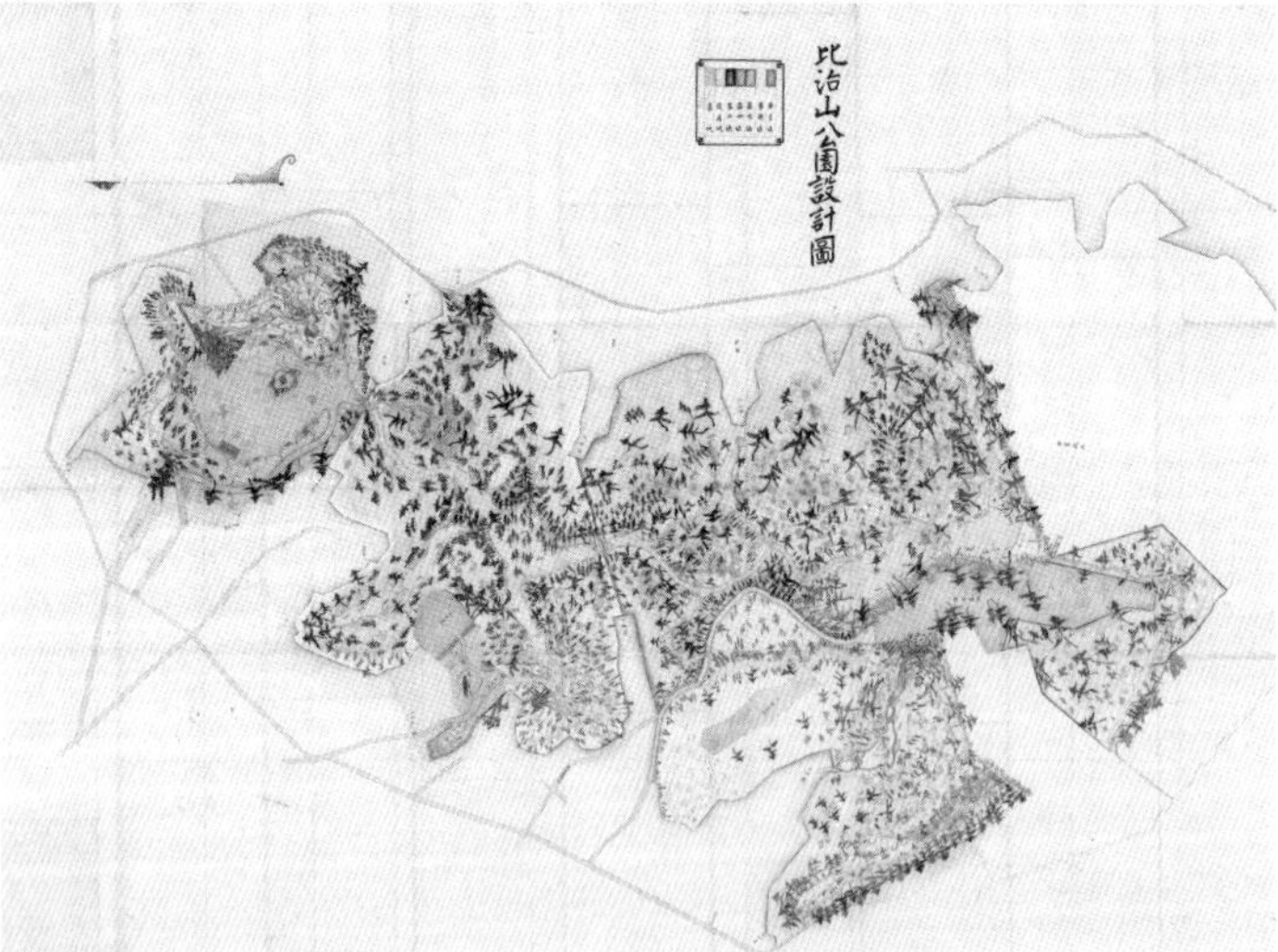

比治山公園設計図

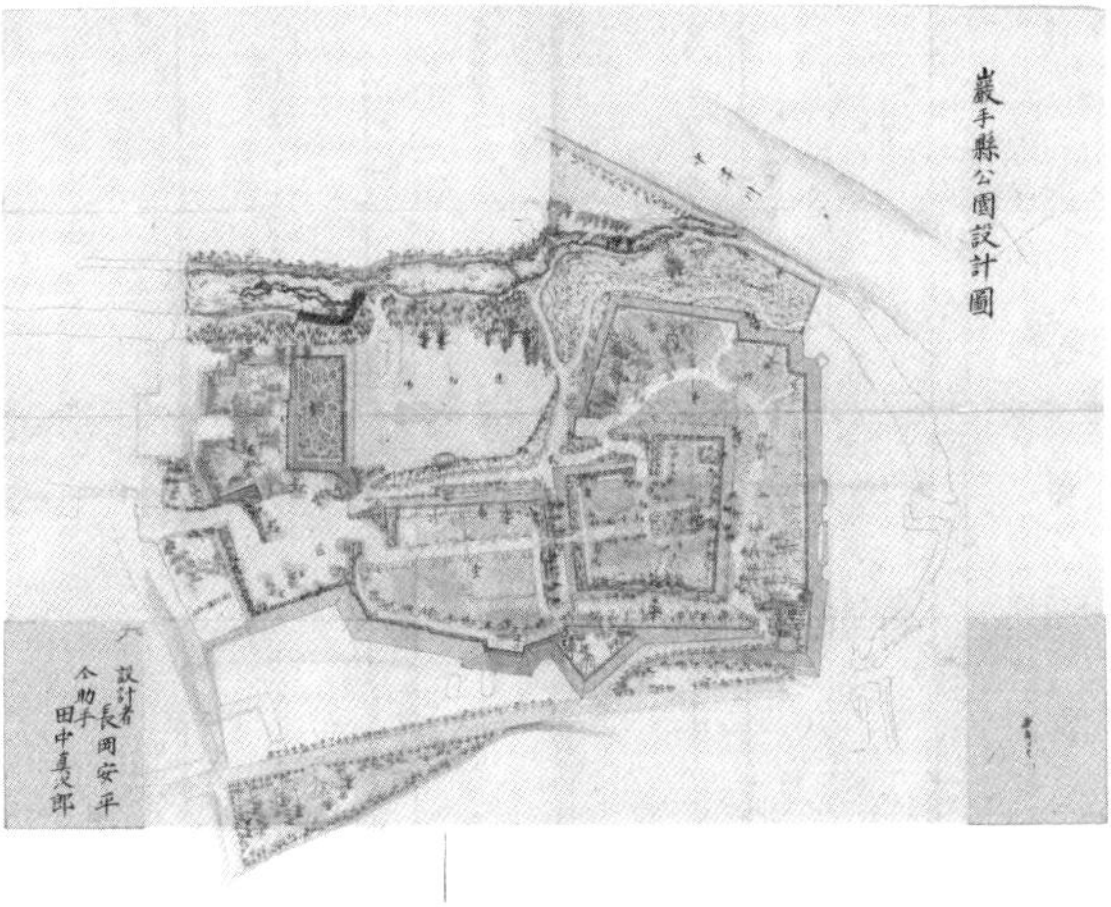

岩手県公園設計図

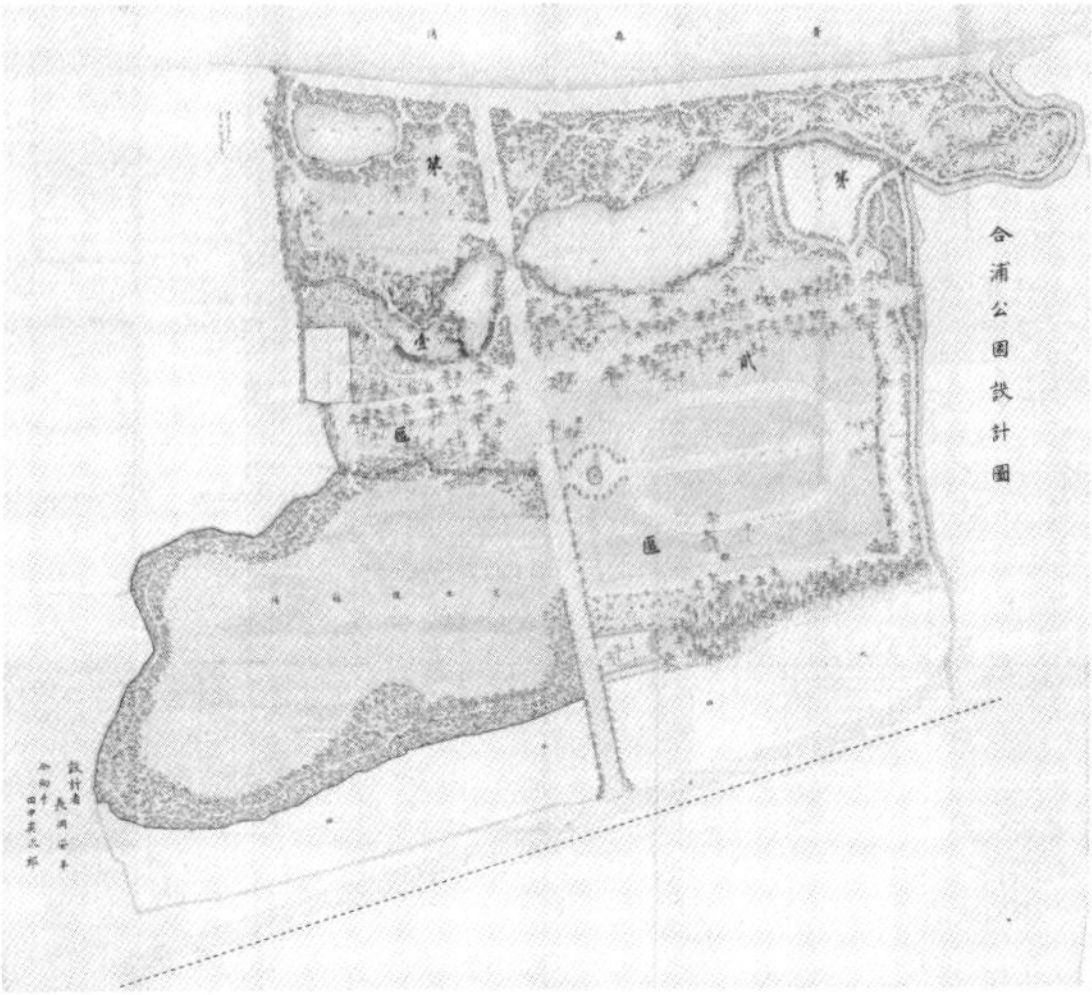

合浦公園設計図

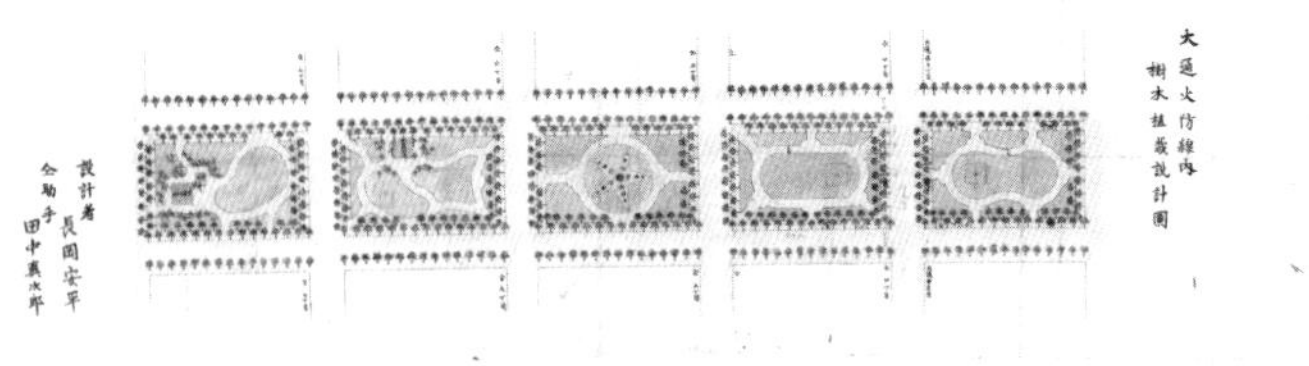

札幌大通火防線内樹木植栽設計図

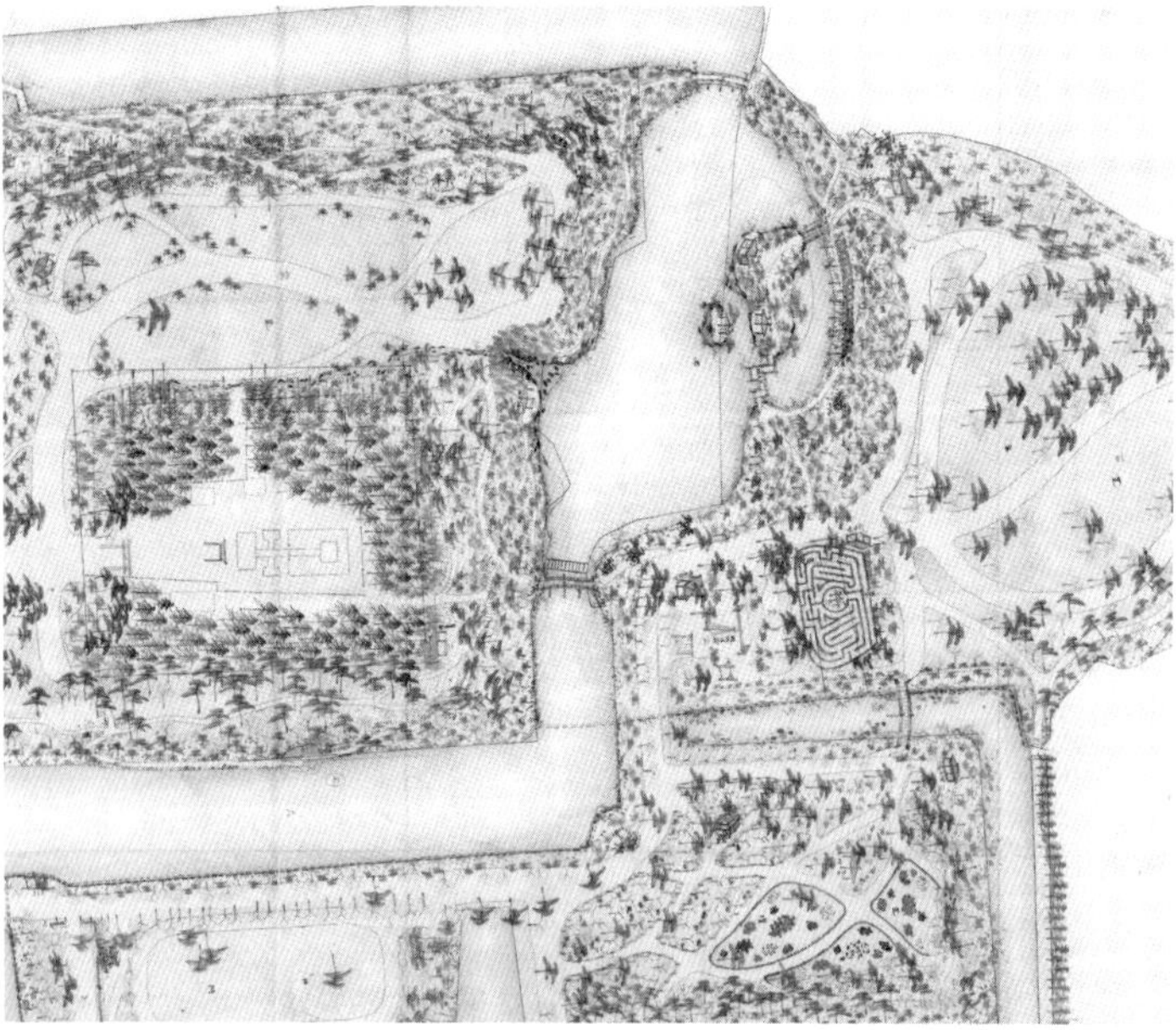

高岡公園設計図（部分）

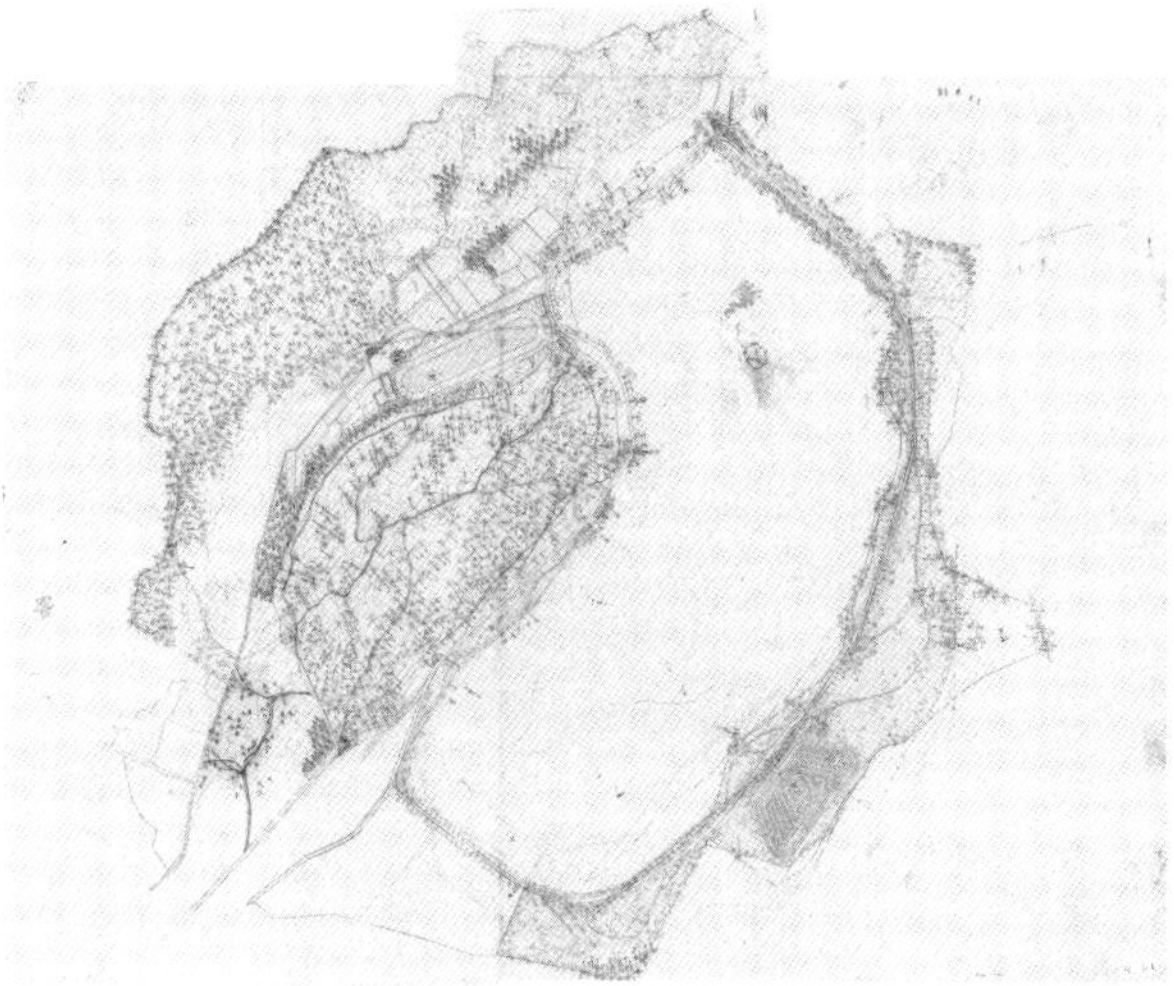

白河南湖公園改修設計原図

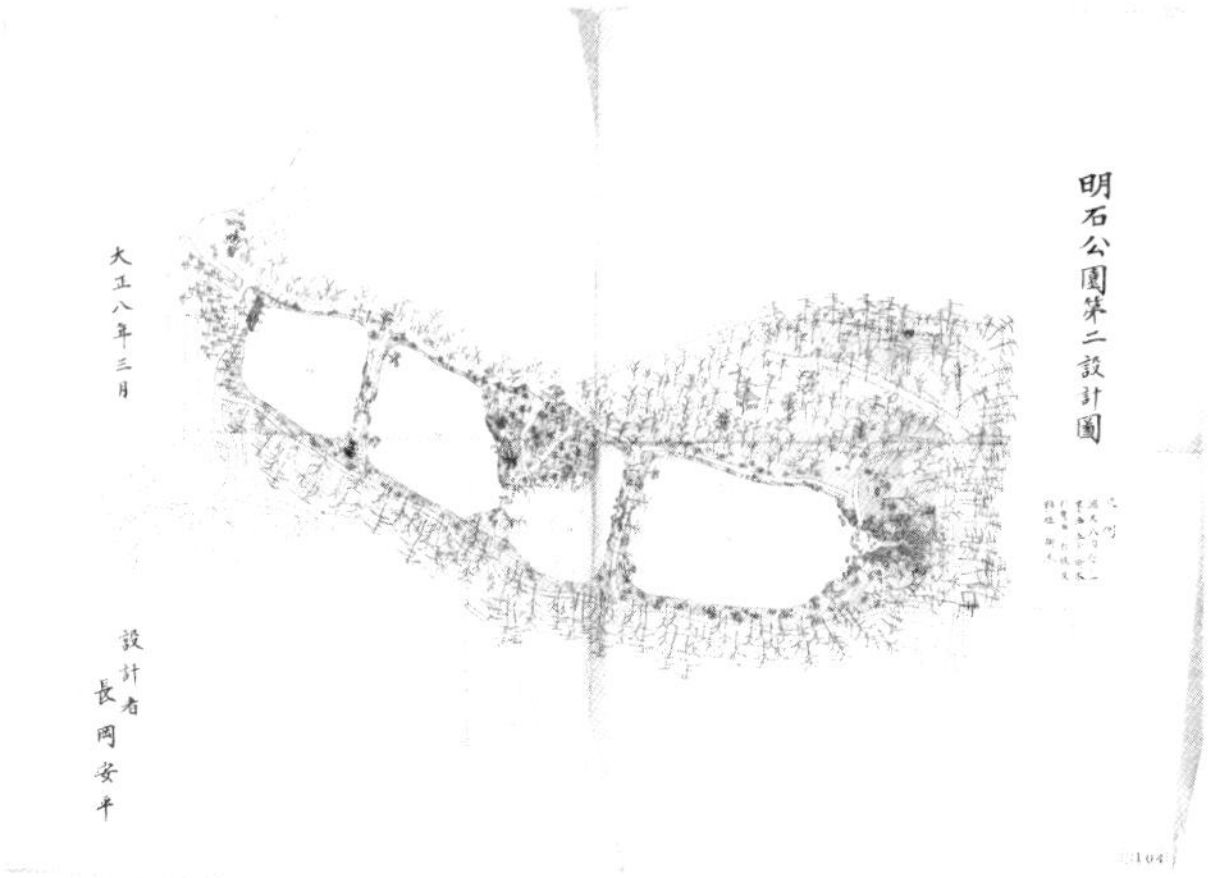

明石公園第二設計図

ドタイプと呼べるような図面だが、このほかに四枚描き方がまったく違う図があるのでつぎにみてみたい。

日比谷公園計画図（案）四は日比谷公園の設計案のひとつだが、先にあげた日比谷公園計画案と比較すると、樹木と建物がまったく描かれず、池や流れ、橋もまったく平面図として描かれている。厳島公園設計図は取りあげた設計図のなかでもっともほかの図の表現方法から遠い図面で、手書きのものを版画のように印刷しており着色もされていない。設計範囲が広いため設計図というよりも区域図のようで、一見するとどの部分が設計されているのかがわからず、図のなかに書きこまれた区域や番号などを設計書と合わせて確認することで意図を把握することができる。呉市公園設計図は取りあげた図のなかで唯一の青焼き図面である。着彩は無いがきっちりとした平面図で、模式的ではあるものの樹木の表現が横からの姿であることを除けば、ほとんど現代の平面図と変わらない。

最後に敦賀《つるが》郡松原村松原公園設計図は樹木の記載や着色がなく、線の種類で園路の指示を表現し、地図記号のように施設配置をあらわしている。これまでみてきた図のようにそれ自体が作品と呼べるような芸術性はなく、単に設計指示図面といった印象

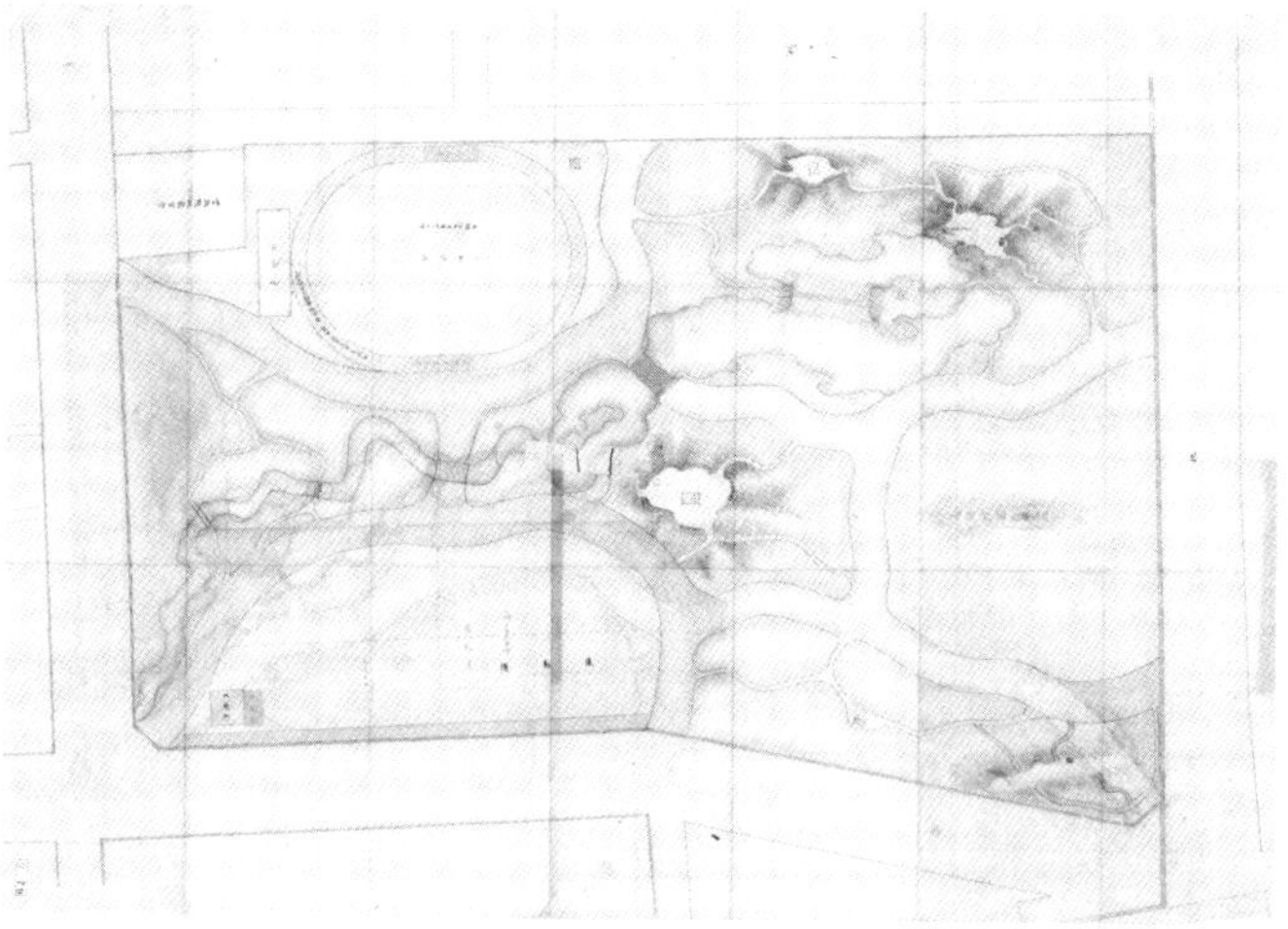

日比谷公園計画図（案）四

厳島公園設計図

である。

このように長岡安平設計図にはいくつかのパターンがあり、なかでも興味深いのは、同じ特徴の長岡安平のスタンダードタイプとしてあげた設計図のすべてに助手の田中真次郎がかかわっていることである。一方で共通性があった比治山公園設計図と江波公園設計図は、どちらも小林惣吉が同行した明治三十二年（一八九九）の設計旅行での設計だったから、田中が同行するようになる明治三十五年（一九〇二）ころを境に助手が交代し、設計図の描き方が変化した。これは設計図作成に助手がかかわったことを示唆していて面白い。小林、田中の二人の助手がかかわった時期の前後の設計図の描法に共通性は薄いが、そのなかで坂本町公園改良之図や日比谷公園計画図（案）一、芝公園内瀑布設計図、芝公園二十五号地日本庭園設計案は樹木の描写やスケッチとしての表現が似ており、ほかの設計図にみられないダイナミックさがある。また比較的初期の作品であることやどれも東京府、東京市での仕事であること、同様のタッチで描かれた部分スケッチ画が長岡の史料として多数残されていることから、むしろこちらに長岡安平のオリジナリティを強く感じさせるものがある。

長岡安平の公園設計図といっても必ずしも長岡がひとりで描いたものではなく、少

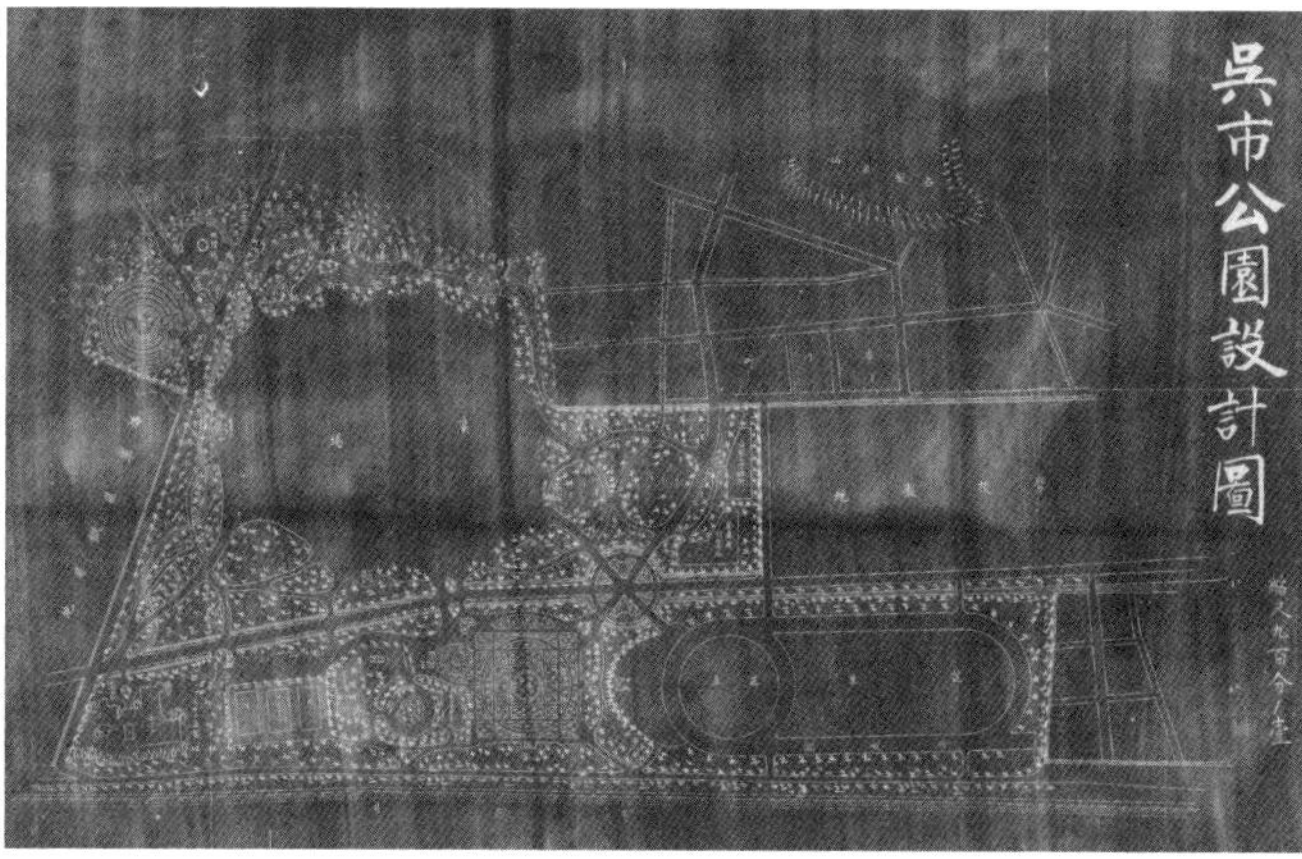

呉市公園設計図

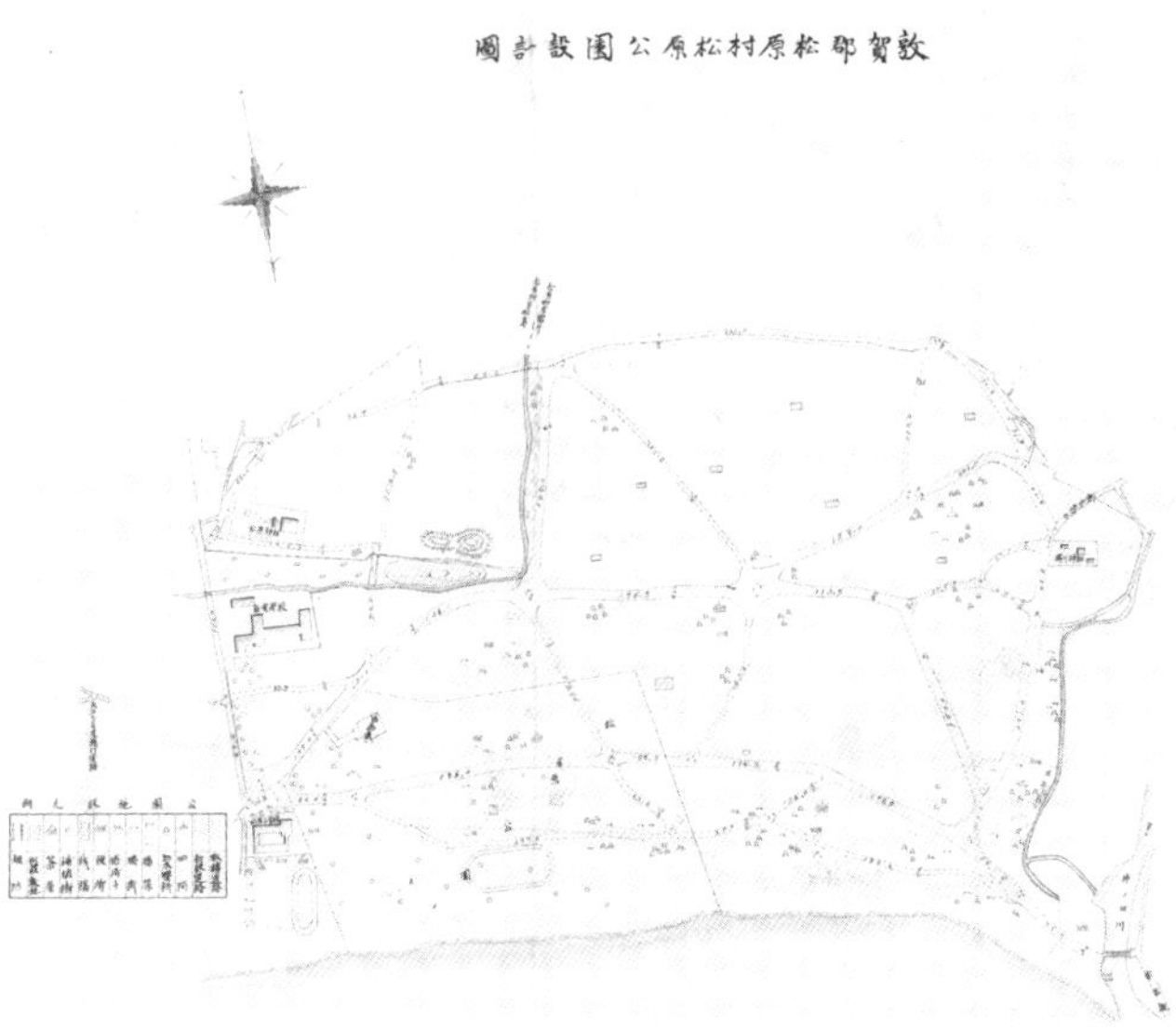

敦賀郡松原村松原公園設計図

なからず助手の手によるところがあることがわかる。長岡の公園設計はどれだけ大規模なものであっても、踏査から設計完成までほぼ一カ月という短期間で一気に成し遂げているから、助手の協力は不可欠だっただろう。とはいえ自ら描いた図もあり、助手がかかわった設計図でも長岡の意図によることは間違いない。

芳川顕正と長岡安平の縁

長岡安平は、東京市土木部地理課に勤めながら広島市に依嘱された比治山公園、江波公園の設計をすませ、翌明治三十三年（一九〇〇）三月二十九日には皇太子ご成婚にかかる東宮御慶事奉祝準備委員に任命された。メンバーは助役浦田治平を委員長とし、長谷川寿太郎、嶺顕、見山正賀、岩井福三、そして長岡安平の東京市事務員五名と、平賀信恭、廣瀬保則の東京市書記二名だった。これに先立つ三月十六日、渋沢栄一をはじめ東京府知事千家尊福、東京市長松田秀雄らが東宮御慶事奉祝会を設立し、ご成婚の記念として美術館の建設と奉献を決めている。

十月には美術館の位置を上野公園内とし、設計は数年後に秋田公会堂も手がけることになる内務省技師片山東熊に依頼することとなった。準備委員は東京市役所内部でこれの事務を担うものであろうが、建設場所が上野公園となっているからこれを見越して公園の関係者のなかから長岡を起用していたのだろう。この美術館は明治三十四年（一九〇一）八月に着工し、設計変更や日露戦争の影響で建設が長引き明治四十二年（一九〇九）に表慶館として開館した。

しかし長岡はといえば表慶館の着工を待たずにここにきてまた体を壊してしまい、明治三十三年（一九〇〇）十月五日に地理課事務員をやむなく依願退職してしまった。病名は慢性脳充血症で病状は軽くはなかったらしく、いろいろと療養は試したものの効果が薄いため休職して安静にしなければならず、以前の一カ月の湯治とは違い翌三十四年九月まで丸一年間の療養生活を余儀なくされた。この一年のあいだには確かに公園や庭園の設計をしていた記録がみあたらず、一年経ってやっと東京市土木部工務課の臨時雇いとして、日給一円で復帰した。

臨時雇いとして働き、まだ完全には復調していなかったであろう長岡に、その後の業績へとつなぐきっかけをくれたのは、意外にも東京市ではなく逓信省《ていしん》だった。逓信省は郵便や通信、鉄道などの事業を所管する中央官庁で、明治十八年（一八八五）に農商務省から独立した。長岡が東京市の臨時雇いとなって半年が経った明治三十五年

（一九〇二）三月、この逓信省の大臣官舎の庭園設計を依頼されたのである。ときの内閣は第一次桂内閣、逓信大臣は芳川顕正だった。芳川といえば明治十七年の東京府知事時代に、まだまだ整わなかった東京の街を生まれ変わらせるため、市区改正芳川案を提出した人物である。長岡はこのとき、計画に重要な位置づけのあった浅草公園の改良で賞与を受けていた。

それから二十年近くが経ち、また芳川のもとで仕事をすることになったのである。芳川知事のころに懸命に働き、還暦を迎えたこの前年には東京府吏員としての非職も満期となって退職し、体を悪くしてしまっていた長岡へのねぎらいもあったのかもしれない。

それに応えるようにこの設計もわずか一カ月で仕上げ、設計料として七十円を受け取った。この設計がよほどよかったのか、設計料を受け取った四月に東京市の臨時雇いを依願退職し、翌五月に逓信省に勤め始めたのである。部署は総務局会計課営繕係で、月給は十五円だった。逓信省勤めは二年足らずと短かったが、この間は旧交に助けられた期間だった。芳川大臣のもとということをはじめとして、明治三十五年、三十六年の設計業績は秋田県内と広島県内ばかりなのである。この両県では新たに横手公園や能代山本公園、厳島公園の設計を業績に加えたが、とくに千秋公園の改良設計で訪れた秋田県では、十カ所を超える個人邸の庭園設計をしているから、まさに人間関係で築いた設計業績といえる。

芳川が大臣を辞めて半年後、長岡もまた東京市へと戻った。このとき東京市は、公園内の樹木の手入れや園芸は特殊な技能を要するがこれを持ちあわせた人物がおらず、長岡は長年の経験があって適任だから予備費から不足の報酬をだしても採用したいと、公園事務嘱託という身分で月給三十円をだした。いったん東京市からでて逓信省に勤め、まさにここに至って東京市から正当な評価をえた感がある。

凱旋、芝公園紅葉滝の設計

明治三十年代にはいってからは、東京市では公園選定令により公園に手を入れ改良に力を注ぎだしたころで、東京市へ戻った長岡がまず手がけたのは、若き東京府時代から携わり、芳川府知事のもとでは賞与も受けた浅草公園と、自宅もある芝公園の改良だった。このころは日露戦争の戦勝ムードも高まって内務大臣となっていた芳川顕正は各地で記念事業を奨励しており、長岡も明治三十八年（一九〇五）一月に祝捷会勉励の賞与を受けているから、また芳川の向かう方向と軌を一にしている。明治三十年代は全国でも城址を中心として公園の整備や改良が動きだしており、制定から三十年経った公園改良の機運はあちこちで盛りあがりをみせてきていた。

このときの浅草公園と芝公園の改良は民衆の耳目を集め、新聞にも経過が何度か報じられるほどだった。どちらの公園もこの時期に長岡が滝を設計しており、芝公園の滝は現在東京では唯一長岡安平の業績を偲ぶことができる場所である。

芝公園紅葉滝は十九号地の斜面地、東京タワーの足もとにある。現在東京タワーのある元二十号地は、徳川二代将軍秀忠の時代に江戸城内紅葉山にあった金地院をこの地に移すとき、紅葉山の由来となったモミジを分けて植えたことから、こちらも紅葉山と呼ばれるようになった。明治十四年（一八八一）に料亭紅葉館が建設され、東京名所図会にこの様子が記されるなどひとつの名所となった二十号地と、府知事官舎がありり自分も住んでいた十八号地に挟まれた十九号地の斜面に、この一大事業としての滝を築いたのである。

長岡は自然に倣った滝を築くについて、芝公園のこの地を選んだことにいくつかのポイントを持っていた。同じ公園選定令の公園である上野公園は、山谷をかかえてはいるが表慶館の建設地に選ばれるなど開発が進んでいて適当でない一方、芝公園の十九号地は、現在の姿でもその雰囲気を感じられるほどに、当時はまだ深山幽谷の風情が残っていた。またここには明治十四年ごろまで滝があり、もともと水が湧く地形、地質で滝があっても違和感がないうえ、地形がそのようなので新たに滝をつくるにしても費用が安くなるというようなことだった。紅葉滝への関心の高さは竣工前後の新聞記事からよくうかがい知ることができる。明治三十八年（一九〇五）の新聞各紙には「芝公園未来の新景」とした挿絵を載せるなどその期待の大きさがみられ、竣工後の翌三十九年三月の時事新聞には「宛然深山」や「幽邃」といった表現で完成を伝えている。

公園内の深山幽谷

紅葉滝の築造は東京市の事業として、設計、監理を長岡安平、工事主任に技師藤原八十吉、現場監督に井下清があたり、明治三十八年十一月から三十九年三月を施工期間として、予算二千五百円に対し工事費四千四百二十八円九十銭という概要で実施された。滝は東向きで、姿は高さ九間五分（約十七・一メートル）、滝壺から二尺（約〇・六メートル）の高さに中段があり、中段の奥行は四間（約七・二メートル）、幅は六間（約十・八メートル）、滝壺の面積十余坪（約三十三平方メートル）、奥行三間五分（約六・三メートル）、幅三間（約五・四メートル）という壮大なものだった（84頁「芝公園内瀑布設計図」参照）。

石材は東京府内の工事で発生したものを主に使用し、滝壺はコンクリート造で廃物の丸平石で飛石を打つという資材の再利用が図られた。滝壺から一号地の弁天池までは幅六尺から二尺（一・八から〇・六メートル）の流れを百五十六間（二百八十・八メートル）にわたって設け、底はコンクリート造モルタル仕上げで流れの二カ所に土橋を架けた。そのうちひとつは道幅一丈（三・〇メートル）、長さ二間（三・六メートル）で、馬車が通れるものだった。両岸にはササ、アスナロ、ヤツデ、アセビ、キンシバイ、ビョウヤナギ、ノギク、ハギ、リュウノヒゲなどの灌木などを植え、高木の植栽はカエデ百本、シイノキ八十本、モミノキ七十本にも及んだ。

紅葉滝の設計図にはこれらの仕様が表現されており、竣工時の写真からも「宛然深山」と表現された雰囲気が伝わってくる。当時の新聞記事には、いくつか長岡の設計意図を伝えるものがある。それによればかつてあった滝は涸れてしまったが、滝は市中には珍しい公園の一景である。芝公園のここは滝をつくるに適した場所であるから、

芝公園紅葉滝の現景

竣工時の芝公園紅葉滝

風致を添える瀑布で芝公園の新風景により、公衆の耳目を楽しませる深山幽谷の景をつくるとある。

滝は鬱蒼とした丘上から落下し、自然の趣致を保つため岩石に何度もあたりながら流下する屈曲をつくると、子細についても意図が示されている。渓流についても多くは池に落ちる水の道で両側を崖とした低い所がよく、石を自然に置き、あいだに水草類を植えて、水の流れはあまり緩くないようにする。両側は灌木または下草、ササ、タケ類を適宜に植え、カエデやそのほかの樹木を面白く植え付けるとしている。

いまは渓流の湧き口は切石を重ねた少しほかとは違う雰囲気があるが、旧江戸城外濠の石塁が取り壊されるときに、その石の裏を利用して公園の大小の岩組に使われたことから廃石の利用に興味を持ち、大きい間知石や方形の切石は庭石として取り扱われたということだから当初のものである可能性もある。

まさに、芝公園紅葉滝は貴重な長岡の作品なのである。

高知への設計旅行

東京市に請われて戻り芝公園紅葉滝で凱旋を果たした長岡安平は、ここから全国での設計を勢いづけていく。

明治三十九年（一九〇六）岩手県岩手公園、明治四十年（一九〇七）北海道中島公園、円山公園、明治四十一年（一九〇八）福井県足羽山公園、青森県青森（合浦）公園、八戸公園、明治四十二年（一九〇九）高知県高知公園、五台山公園、福井県三秀園、鯖江宿公園という具合である。

高知県への設計旅行の様子をみておこう。このときは一カ月間の行程のなかで二カ所の公園の設計だけに集中している。

年が明けて早々の明治四十二年一月二日、とらや隆一郎、次男の義雄ら家族に見送られて午後六時半の急行で田中真次郎とともに新橋を出発した。案外汽車は空いており、箱根から眠りについて米原で夜明けを迎えた。薄雪が積もるなか汽車は進み、九時過ぎに神戸の三宮へと到着し、ここでいったん西村旅館という宿にはいった。先を急ぐとはいってもやはり植物の見所があればみてみたいもので、三宮から青木までいって岡本梅林（神戸市東灘区）を訪れはしたものの、ここは四、五十年の若木ばかりで眼鏡にかなうものではなかった。三宮に戻って午後七時の船に乗り、気分を悪くしながらもやっと四日の朝になって高知港に到着した。

一日半の長旅から到着した二人を県の土木係長西川と庶務課の山本が出迎え、いったん城西館という旅館にはいるも疲れを癒す間もなく県庁へ挨拶のために顔をだした。あいにく知事は不在で技師の前田と面会し、西川、山本両氏の案内でつづけて高知公園を巡覧し、園内の煙雨亭で昼食をとった。長岡はこの建物が気に入ったようで、この旅での宿は煙雨亭を使うことにしている。

高知の気候は暖かく、天気も上々で翌日からはさっそく公園の実地調査にでかけた。これには土木課員が二人つき、高知新聞の記者も同行し、午後からは代わって西川係長がともに巡覧した。六日になって知事との面会がなり、県庁で事務官の植木と会ったあと、石原健三知事、和田部長、そのほか各課長らと面会して昼食をともにし、午後には知事、事務官二人、西川、山本らと公園を回って天守にも上った。明治四十二年にもなると長岡の実績も各地の新聞で報じられているため、初期の秋田や広島ではあまりなかった新聞記者の同行や知事との公園巡覧など、待遇の様子が変わったことが感じられる。これは現地での待遇だけでなく、東京市役所内部でものちに、あまりに長岡が各地の高官と交流を持つので本来の階級では使用できない汽車の等級の使用を許すほどだった。

七日には植木、西川と測量係の水田ほか神社係一名とともに初めて五台山公園へ出張した。この公園は海岸沿いの丘の上にあり、奇岩や大きな岩、東の地域ではみることのない樹木もあって眺望もすこぶるよいと褒めている。この日は午前中で切りあげ、帰りに種崎公園に寄って、こちらはすばらしい松林で何も手を入れる必要がないと感想を残して帰った。この日は帰ってからも、西川の尽力で園丁の家に風呂が新調されて上機嫌である。

翌日からはまた高知公園の仕事に戻り、植栽の指図や運動場の下見など日曜日にも現場にでて設計をつづけた。そして最初の踏査から七日後の十一日に設計草案に着手している。十三日には設計の合間に土佐新聞の取材を受け、この記事は十五日に掲載された。十四日はまた五台山公園へでかけて踏査を終え、このあとはしばらく公園の設計をつづけている。

　このところあまり休むことなく仕事をつづけていたせいか、もしくは雨が降ったり止んだりして気温も上がったり下がったりしたからか、ここにきてまた体調を崩し二十二日から四日間ほどはあまり食事をとることもできずに過ごした。とはいえ休養しているあいだも助手の田中や、山本、西川といった市の吏員は長岡の指示を受けて作業を進めていたし、快方に向かってくれば長岡自身もまた新聞の取材を受けるなど、設計が滞らないようにして草案着手後十五日目の二十七日には設計書が完成した。

　いよいよこの設計旅行も終わりに近づいている。翌二十八日に高知公園の設計書を提出し、二十九日には県庁で説明をすませた。翌日には高知を発つ長岡に、ここでもねぎらいの会が用意され、西川や山本らに招かれて得月楼で夜更けまで楽しいひとときを過ごした。このあいだ田中はというと徹夜で図面を調整していたというから、遅れていた五台山公園の分を急ぎ仕上げていたのかもしれない。ともあれ、三十日は出立の日である。朝から知事や和田部長、西川、山本らに別れのあいさつに出むき、午後一時過ぎの船で西川、山本や宿として世話になった煙雨亭の女将らに見送られながら出航した。翌午前三時に神戸に着き、武田旅館でしばらく休んだあと午前七時四十分発の混みあった汽車で東へ向かい、午後九時に新橋でとらや義雄、末っ子のふさらに出迎えられて旅を終えた。

「造園家」という職能の確立

このころになると以前に比べて長岡が自ら公園へ出張する回数は減り、より助手や現地の吏員、職人らの出番が増えてきている。その分長岡は知事や高級吏員との面談や、新聞の取材などに時間を費やすようになった。しかしそれでも設計は変わらず一カ月程度で済ませているから、経験の蓄積で公園設計家としてのノウハウを確立してきたのだろうし、新聞への頻繁な掲載は全国的な公園整備の風潮と相まってひとつの職能として世間からも認識されつつあったといえるだろう。もちろんその陰には田中助手をはじめとする、長岡の意を酌んでサポートできる人物の存在を忘れてはならない。

これ以降設計業績を一気に増やし、明治四十三年（一九一〇）は兼六園や卯辰山公園、花園公園など十カ所、四十四年には小倉公園、八橋《やばせ》公園、真人《まと》公園、高岡公園など十三カ所、それ以降も樗谿《おうちだに》公園、躑躅崎公園、養老公園、南湖公園、明石公園など全国で公園設計や庭園設計を手がけ、その数は延べ百八十カ所以上にのぼる。

これだけの業績を残した造園家は、あとにも先にも長岡安平ひとりである。

第四章

人づきあいからみえる長岡安平の人物像

日本経済を牽引した財界人との交流

地方へと設計旅行に出向いた長岡は、知事や市長、郡長といった首長をはじめ、役所の部長や課長、そして設計をともにする吏員や職人と親しく交わり友好を深めていた。それは設計を終えて帰る前の、互いに別れを惜しむ酒宴や挨拶の応酬からよく伝わってくるし、長岡の人柄もうかがい知ることができる。

一方で最初の地方設計だった秋田を中心に、広島や北海道、岩手などとくに初期の地方設計では地元の有力者に頼まれた個人庭園の設計業績が多く、長岡の交流関係の幅広さがわかる。庭園というのは、江戸時代の奢侈禁止令下で大名らが権威を誇示するために豪華につくるものとして選んだことからもわかるとおり、維持に手間がかかり広い土地もいるため庶民が持てるものではなかった。長岡が手伝った個人邸もまさにこのことを示しているので、どんな人物の庭園を設計しているかみてみよう。

秋田では群を抜いて個人邸庭園の設計が多く、明治三十五年（一九〇二）、明治四十年（一九〇七）、明治四十三年（一九一〇）から明治四十五年（一九一二）に延べ二十五カ所を数える。ここには、横荘鉄道や植田銀行を創立し、沼館町長や貴族院議員も務めた塩田団平、五業銀行役員の斎藤養助、秋田県議会議員の長沼光鎵や武藤吉左衛門、秋田銀行を創立し秋田商業会議所会頭を務めた辻兵吉、幕府御用商人だった那波三郎右衛門、東北三大地主といわれる池田家の池田文太郎、横荘鉄道を創立し、羽後銀行頭取や舘合村長、貴族院議員を務めた土田万助、教育者で飯詰村長や秋田県議会議員を務めた江畑新之助らがいる。

広島では医師の島通修や製塩会社を営む得能善兵衛、北海道では漁業組合頭取で小樽区長や衆議院議員も務めた渡辺兵四郎、海運、炭鉱、鉄工などを手広く手がけた藤山要吉、岩手県では盛岡銀行、盛岡電気、岩手軽便鉄道を創立した金田一勝定、農工銀行頭取で盛岡市長や貴族院議員を務めた大矢馬太郎らの名前がある。地方で交流のあった人物は実業家や大地主といった有力者ばかりであり、こういった人物は地元首長や議員を務めていることもめずらしくない。実業家としては鉄道、軽便鉄道や海運といった交通業界、銀行や保険といった金融業界が多く、黎明期の明治日本を支えた産業界の人々がやはり力を持っていたのだろう。

東京でもツムラの津村十舎やセイコーの服部金太郎、目黒雅叙園の細川力蔵といった現代につづく企業の創業者や、大倉財閥の大倉喜八郎、そして東京人造肥料の高峰譲吉や日本鉄道会社の福島甲子三、田園都市経営協会の市原求など渋沢栄一につながる人物の庭園を設計している。

長岡が個人庭園を設計するようになったのは五十八歳のころからだが、とくに七十歳代で頻繁である。その時々に接した施主は三十歳代から六十歳代と幅広いが、いずれも長岡より年下で働き盛りである。公共設計としての公園を全国で手がける一方で、こうして当時の日本の経済を牽引していた面々とも交わっていたのが、造園家長岡安平なのである。

地方財界人の庭――得能氏庭園

地方での個人邸庭園設計は、依頼された公共の公園設計の合間に土地の有力者に頼まれてすぐ、一、二日間で終えることが多かった。そのなかで、個人庭園を設計するために出向いた旅行の記録があるので、公園設計と比べてみるためにも紹介したい。広島県の得能善兵衛邸庭園である。

広島藩浅野家といえば、赤穂事件で有名な浅野家の本家にあたる。赤穂藩主浅野長矩は元禄十四年(一七〇一)に江戸城松の廊下で吉良吉央への刃傷事件を起こし切腹、お咎めのなかった吉良に浅野の家臣らが討ち入るというあの事件である。忠臣蔵などの物語では浅野の無念を晴らす美談として描かれるが、浅野家と吉良家には当主同士の不仲だけではない関係があった。正保二年(一六四五)に笠間藩から赤穂に転封となった分家浅野氏は、藩の財政を支えるための産業を模索し、瀬戸内の立地を活かした製塩に着目した。当時はまだ塩の精製技術に乏しく、浅野氏は製塩技術に長けた吉良氏に技術の伝授を依頼し、入浜式塩田によって赤穂の塩を一大ブランドとして成長させた。西日本での塩のシェアを占めた浅野氏は東日本への進出を試みるが、東ではすでに吉良氏が幕府に出入りしており、両家の確執から、やがてあの事件につながっていく。それはさておき、この入浜式塩田は瀬戸内海地域に広がり、瀬戸内海を塩の産地に仕立てていった。

尾道は瀬戸内海の干満の差や雨の少なさにより、一大塩田地帯であった。瀬戸田町(広島県尾道市)も十七世紀末には塩田開発が始められ、十九世紀初めには年間十八万俵(約一万三千七百七十トン)の生産を誇った。その瀬戸田町で第一の大家とされる得能善兵衛を、長岡安平が訪れたのは明治三十二年(一八九九)十月九日のことである。

広島県から委嘱された比治山公園、江波公園の設計のため、この年の八月三十日に新橋を発ってこれをすませた長岡は、十月九日快晴の早朝、午前六時十分の汽車で関係者に見送られながら山陽鉄道広島駅を出発した。約束していたのか、九時に三原駅に着いたのに得能は迎えにきていなかった。所々に問い合わせると、糸崎駅に迎えにいったが長岡らが下車しなかったため尾道駅までいき、糸崎から三原へ使いをだしてしばらく待っていたという。長岡らは三原駅から人力車で糸崎駅へ向かい、そこから急行汽車に乗ろうとしたところ、得能がひとりで尾道駅から汽車できてちょうど糸崎駅で会うことができた。乗車をやめて得能の手配によって得能邸に着いたのは二時ころになっていた。

得能氏は瀬戸田町で第一の大家で、塩田数町歩を持つ製塩会社を経営しており、このとき同家の別荘庭園の改築を依頼された。このときはどの程度の設計をしたのか明らかではないが、別荘で昼食と夕食のもてなしを受け、この日のうちに東京への帰途についた。得能との最初の接触は、迎えの入れ違いは印象的だが、本題の庭園設計については淡白なものだった。

尾道への設計旅行

それから四年半ほど過ぎ、あらためて得能から築庭の依頼があった。普通は公園設計のついでにすませるところを、このときは個人邸庭園を設計するための異例の設計旅行となる。

明治三十七年（一九〇四）四月二十四日、午前九時三十分の新橋発の汽車で家族に見送られながら田中真次郎をともなって出発した。このときは珍しく夜行列車ではなく、車中は混雑していたが松田駅から御殿場駅までの沿道のヤマブキやボケが満開に咲き誇る風景を楽しみながら進んだ。米原で夜が明け小雨となったが、滋賀から京都、大阪へと向かう車窓からはナノハナの満開の景色は素晴らしく、旅に美観を添えてくれる。昼前に神戸に着き、列車を乗り換えてさらに西へと進む。ここからもなおナノハナに加えヤマザクラ、ヤマツツジなども満開である。午後九時四十分にようやく糸崎駅に着き、駅前の風月楼に宿をとった。

翌二十六日も小雨のためあたり一帯が霞んでおり、午前六時に糸崎から郵便舟に乗ったが舟中は強い霞のために苦労し、九時にやっと瀬戸田町へ到着した。この日は終日雨だったが、得能邸では長旅の疲れをねぎらうように練り羊羹、黄身饅頭、カステラ、昆布で包んだ蒸菓子や煎餅を取り混ぜたものなどたくさんの菓子で長岡と田中を迎え入れている。

二十七日は一転快晴となり、さっそく庭園の工事に着手する。役所に頼まれてやる公園設計とは違い、施主は得能ただひとり、面倒な設計図書の提出もない。長岡の思いのままにやれるのは個人庭園の特徴である。この日は人夫二十人で大石の据え付けなど大仕事に取りかかった。

二十八日は少し変わった仕事をしている。得能の若主人の案内で、総勢十一人で樹木採集にでかけた。午前八時から舟で島内の各丘の山林を数カ所探し、愛媛方面大三島村を経て海上一里内外までいき、樹木を掘り取り舟二艘に積みこんで夕刻帰った。素材探しも自らである。この日はとくに天気がよくて暖かく、作業日和だった。それから数日は雨の日がつづいたが、樹木の移植を中心に、四阿《あずまや》の移築や茶室、座敷の移築を進め、五月一日には茶室の工事があらかた終わったところで大きなマツや大石の移設に着手した。この茶室のいわれは主人もわからないが、一畳台目で床のしつらえもあるしっかりした小間で、長岡は京都でつくって持ってきたものだと見立てている。

長岡は得能邸を訪れて以来別荘で寝食をとっていたが、この庭園工事のあいだ一食も欠かすことなく食事のメニューを書き留めている。感心な筆まめぶりだが、おこぜや穴子、ちしゃやえんどう豆、松露といった土地の食材や季節の食材がたくさん記されていて面白い。そんななか、この五月一日は長岡の人柄の一面がちらりとみえる記述がある。

この日の夕食は鯛の刺身や海老の三杯酢など、それから椀物に鯛の頭の塩焼がでたがこれはとても気に入ったようで舌鼓を打ったという。そのうえでいつもなら女中がお替わりはいかがと聞いてくるが、この日に限って何もいってこないので残念がっている。日々の食事をメモしていることといい、こうした感想まで残していることといい、食事は旅の大きな楽しみだったのだろう。

三日はまた舟で樹木の調達に若主人とともに朝から出発し、いったん若主人を尾道に上陸させてから御調郡向島町（尾道市）の植木屋、安保源助を訪ねて植木を選び、若主人とも合流して買った植木を積みこんだ。帰りは源助の息子の俊三が職人として同行し、翌日から庭園工事をともにしている。四日の夜は日露戦争九連城占領の祝いがあったらしく、町内の小学生らの灯籠行列を見物した。これからしばらくは、朝夕は寒いがよく晴れた工事日和がつづく。しばらくぶりに晴れたとあって六日には塩浜の作業で人夫が少なく、旧三月二十一日の大師参詣もあって差しつかえが多かったが、上段の庭の飛石や亭の蹲踞《つくばい》とそのまわりの植えこみもできた。それから寄付の庭や座敷前の庭の改良、茶庭の着手、池の中島取り壊しなど作業を進めるたびに風致を増して面白くなっていく。

八日は若主人と、今度はなら山という谷川の流れのある所に蹲踞《つくばい》の役石を探しにいき、石六個と下木などを持ち帰り、植木職の俊三は尾道から樹木を持ち帰った。十日にはまた樹木の採集にいき、午後には土橋を架けるための材料を揃え、翌日は若主人とともに土橋を架けてこの日のうちに落成してしまった。そうかと思えば植木職源助のところからは若い衆である砂田源吉がきて玄関前の竹垣に着手し、つぎの日は三和土《たたき》や垣の整え作業をするなど、そこここで作業を並行してどんどん築庭を進めていく。

妻とらの到着と庭の完成

慌ただしく工事の日々が過ぎていったが、十二日の作業を終えたあとは、二日間の休暇をとった。妻のとらが東京からやってきたのである。そこで少しの間瀬戸田を離れ、宮島へと旅行することにした。はるばるやってきたとらにみせたかったのだろう、すぐに厳島神社へ参詣したのはよかったが、厳島公園はこの前年に設計したところである。世話になった広島県の吏員にあいさつに訪れるあたり、いつもの設計先での親交の深さを思い出させるとともに、妻といっしょの休みの旅行でも仕事が忘れられないところが長岡安平という人だろう。

とはいえ、妻がきたのだから設計をつづける予定があったわけではなく、宮島から戻って十五日には向いの高根島（尾道市）に下草を取りにいって大体できあがったから、それを見越して妻を招いたのだろう。こののち十日間、香川や神戸、奈良、伊勢を巡っているから遅らせるわけにはいかなかったのかもしれない。

この日は庭の工事もほぼ終わり、長岡の妻もきて明後日には旅立つということもあり、昼と夜には得能主人から落成の祝い膳があった。昼は鯛を蒸して裏ごしにし、きざみ玉子と椎茸、海苔、ねぎを皿に盛り、碗にご飯を入れて付けつゆをかけて食べる魚飯という料理がでた。これには珍しく手のはいったもてなしだと皮肉めいた感想を残しているのはご愛敬である。夕食は口取りに玉子焼きや蒲鉾、菜は鯛の浜焼や穴子など、椀物には鯛と湯葉がでて吸物にも鯛の切り身、えんどう飯と鯛尽くしの豪華な食事だった。

十六日は仕上げの日で、午前中は地ならしや手直しをして整え、夜までの間は若主人に案内され社寺を見物してから町でもっとも高い丘に登り、それから塩田へ降りて塩づくりをみたあと、前夜につづき、塩釜で芋や玉子などを蒸したものや、瓦味噌など持参の茶菓子のもてなしがあった。夜はいよいよ落成である。灯籠に火を入れ、最後にできてきた庭門の戸も吊りこみ、いっそう庭に風致を添えた。存分に思いのままの設計をし、自らも材料調達や工事に加わり、半月かけて築いた庭である。このときの灯籠の火にゆらめく庭の情景は、ひとしおの思いがあっただろう。

また出発の日の朝は早い。七時に仕立舟で瀬戸田を離れ、とらとの旅行にでかけていった。

華族との交流

地方の有力者や財界人との交友を温めてきた長岡であったが、明治四十五年(一九一二)、七十一歳のころ庭園設計の業績に変化がみられるようになる。それまであまりなかった華族の庭の設計がこのころから頻繁になっている。

列記すれば貴族院議長も務めた伯爵松平頼寿、鳥取藩主家の侯爵池田仲博、中村藩主家の子爵相馬順胤、徳川宗家の公爵徳川家達、男爵尾崎三良、男爵多久龍三郎、男爵田健治郎、男爵松平斉光、伯爵平田東助らの名前がみえる。このほか侯爵伊藤博文の墓前庭園や、男爵曽祢荒助の記念碑設計も手がけていて壮観である。

ところで長岡安平の長男隆一郎は、明治十七年（一八八四）の生まれで警視総監や初代関東局総長を務めた秀才だが、東京帝国大学を卒業して勤め先を決めるにあたり、清浦奎吾に相談したところ、高等文官試験に合格したのだから官吏に、それも内務省がよいと紹介状を手渡された。父安平に伝えると清浦さんがいうならと、これを認めている。伯爵清浦奎吾はのちに内閣総理大臣も務め、隆一郎が訪ねた二年前までは第一次桂内閣で内務大臣を務めている人物だが、清浦の長男保恒は隆一郎とは鞆絵小学校（現御成門小学校）の同窓で仲がよく、子どものころからよく知った間柄だった。この隆一郎は明治四十三年（一九一〇）十一月二十日、貴族院議員で内務大臣も務めた伯爵平田東助の娘である卯ノ江と結婚した。

こう書いてくれれば明治史に詳しい人は気づくことがあるかもしれない。ここで第二次山縣内閣の閣僚をみると、司法大臣清浦奎吾、農商務大臣曽祢荒助、逓信大臣芳川顕正と、法制局長官に平田東助の名前が並ぶ。さらに第一次桂内閣では平田東助も農商務大臣となるし、のちに司法大臣などを務める田健治郎も山縣に取り立てられたひとりである。これまで何度も名前がでた芳川顕正はもちろん、多くの山縣閥の政治家が長岡のまわりにいるのである。

山縣有朋は無鄰菴《むりんあん》の造営で知られるとおり造園に造詣が深い政治家で、明治の作庭家として著名な七代目小川治兵衛（植治）の若きころに無鄰菴をつくらせ、その造園的感覚を伝授し以降の植治の庭につながる。この植治との関係からして、山縣と長岡の直接的な交流は薄かったようだが、これまでみてきたように山縣の右腕、芳川顕正を中心とした交流が主としてあったのではないだろうか。そしてこうした施主としてかかわる人物のほかに、仕事でかかわる人物も山縣閥の影響が感じられる。

長岡が最初の千秋公園改良にでかけたときは皇太子成婚の祝賀がおさまらないころだったが、秋田県公会堂も成婚記念として計画され、宮内省内匠頭の片山東熊が設計し、明治三十七年（一九〇四）に落成した。この片山も同郷長州藩の山縣の知遇により宮内省を紹介されたということからもわかるとおり、山縣閥の官僚のひとりである。さらにこの公会堂と渡り廊下でつなぐ構想だった秋田県記念館が、片山の工部大学校（現東京大学工学部）同期で東京駅などを設計した辰野金吾の設計により、残念ながら公会堂の焼失によって渡り廊下でつながれることはなかったが大正七年（一九一八）

に竣工している。

辰野金吾は日比谷公園の設計案を手がけていたから、長岡とはすでに面識があった。さらに関係はつながる。片山は鳥取藩主家の侯爵池田仲博の依頼で、のちに皇太子行啓のための宿泊所仁風閣とされた鳥取別邸を設計し、明治四十年（一九〇七）に竣工しており、長岡も明治四十五年（一九一二）に鳥取市内の樗谿《おうちだに》公園を設計しているのである。そして同年には池田侯爵の東京原宿別邸庭園を手がけ、ここで邸宅設計は辰野が担ってまた人間関係が交錯する。この原宿池田侯爵邸の設計は、同じ個人邸でも得能邸とは違う華族の事情があって興味深い。長岡の個人邸庭園設計の片側としてみていきたい。

華族の庭

池田侯爵家は江戸時代を通じて鳥取藩を治め、明治十七年（一八八四）、十三代輝知のときに侯爵となり、華族に列せられた。池田邸は、同家が文久二年（一八六二）に取得した亀井隠岐守青山隠田屋敷の地に、十四代の侯爵池田仲博が建てた邸宅である（現在の東郷神社の地・渋谷区神宮前）。敷地を手に入れたあとまもなく十二代慶徳によって造成された御鷹場には、明治八年（一八七五）に天皇の行幸があり、華族のあいだで名高いものであった。

池田氏が本邸をこの地へ移したのは大正六年（一九一七）で、移転のための邸宅と庭園の設計は明治四十五年（一九一二）には始められていた。本邸を建てるために鴨池の引き堀は埋め立てられ、ここに御鷹場としての役割を終えた。

長岡の設計図書は基本的に設計図、設計書、参考図がセットで、設計の方針と細部の指示は設計書にまとめられている。ところがこの池田邸については、庭園設計図とともに、図に直接設計についての詳細事項を書き入れた略図なるものがいまに伝わっている。

池田氏邸宅は、外観を和風に統一し、内部は和と洋を並立させた建築で、和館部分を辰野金吾率いる辰野葛西事務所が、洋館部分を田辺淳吉が技師長を務める清水組がおこない、複雑な過程をたどって建設された。

長岡は庭園の設計にあたり、地形の改変や施設の移転と設置、植栽などを指示しており、このうち多くを占めるのが池のかたちを変えることや水路の変更、斜面のかたちの変更といった地形の改変をともなうものである。なかでも大きなものは池の改修

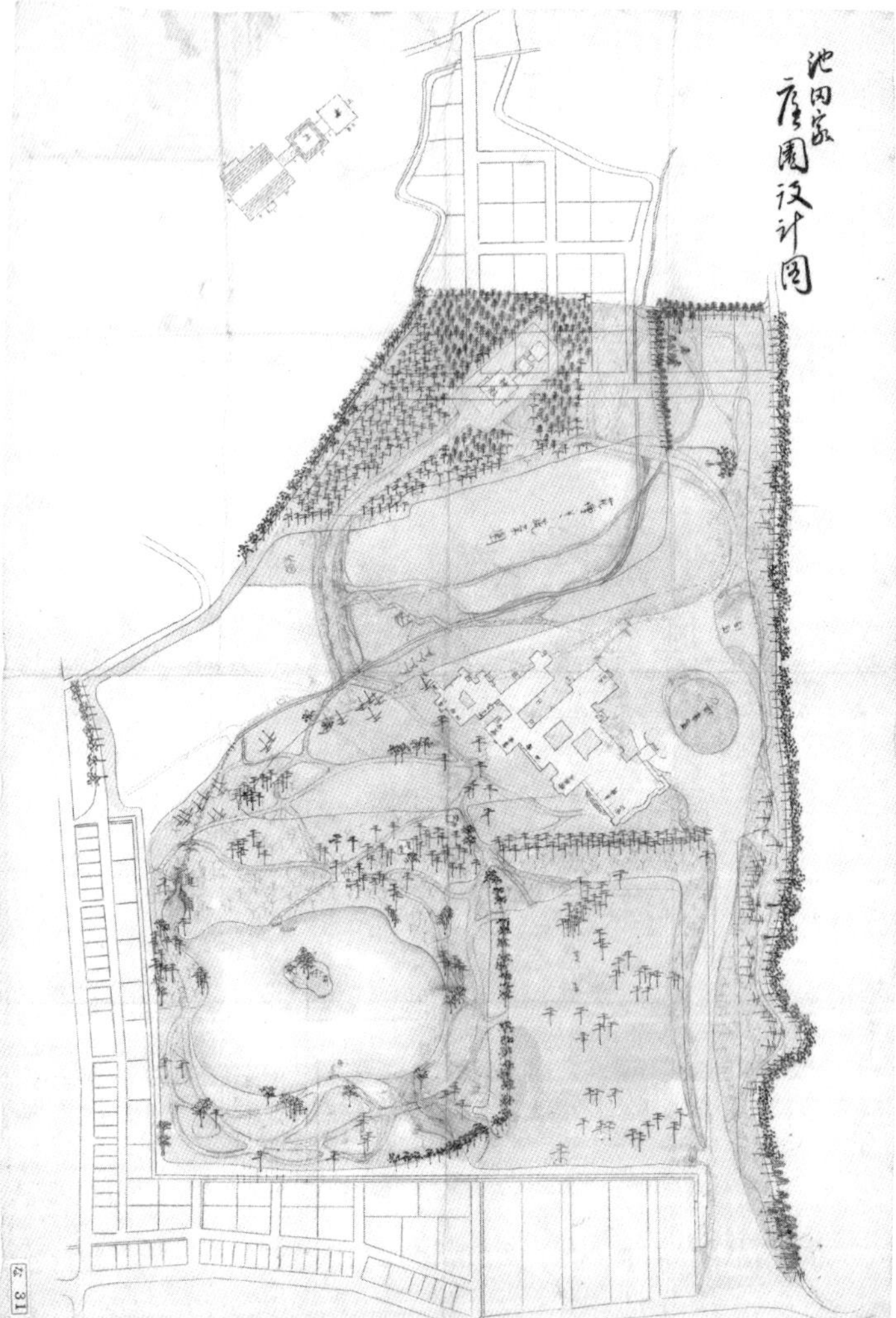

池田邸庭園設計図

で、引き堀を撤去して滝口や乗船場を設け、鴨池から遊船池へと変更した。さらに池周囲の地形は台地の南端あたりでとくに北側を中心に削るという指示をたくさんだしており、これは池の水面と岸の高さの差をできるだけ小さくしたいという意図があった。邸宅の軸線は池に向けられ、周囲には芝生広場や神殿、水田が計画された。池の一方の平地にはテニスコートや運動器具などが設けられている。

こうした意図をもとに設計図がつくられ、池の形状は方針どおり改修され、滝や乗船場も計画されている。門から玄関にかけては緩やかな曲線を描く馬車道がつけられ、広く取った馬車回しと供待ちが設けられるとともに、台地からの斜面や馬車道脇には園路がめぐらされている。神殿の周囲は多数の樹木が植えられ、隣接して蔬菜園と花壇が描かれた。一方でテニスコートと運動器具は設置されず、芝生のある疎林地に変えた。

眺望重視の邸宅設計

さて、邸宅のほうはといえば、洋館の客室、和館の床や棚を備えた座敷などの接客空間が庭園に面して配置され、車寄せのある洋館の正面玄関と和館の玄関、これを接続する事務所部分などからなる。このような玄関構成や部屋の配置からは、主に公的接客を中心とした洋館、家庭生活と私的社交の場としての和館、華族としての家政実務をおこなう事務所という構想がわかる。また、この段階では洋館と和館のあいだに貴賓を迎えるための付添人室や食堂、便所を備えたスイートルームのような区画もあった。しかし、この最初の案は採用されない。

つづいて設計した辰野の案は、建物の軸線と和館の正面に事務棟があり奥に女中室や居間などがあるという基本的な配置は同じだが、規模が縮小してスイートルームのような部分や床棚を備えた正式な接客空間がなくなってしまった。基本的な方針は維持されながらもグレードダウンされた印象である。

清水組の洋館部分も初期の案からは規模が縮小し、楽器室や大食堂、庭園に面したテラスのような廊下がなくなった。一方で客室の位置や庭園へのアプローチの位置は残され、庭に張りだしていた客室はガラス張りの広縁がついて廊下には大きなガラス窓がはいり、庭園へのつながりと眺望を重くみる方針は変わっていない。とくに広縁の二階には、眺望のよい張りだし窓と、高欄の巡ったガラス張りの廊下を持つ和風の客間が設けられており、より眺望を重視した接客空間が考えられている。

往時の池田邸庭園の池

長岡が池田邸庭園の設計に携わったのは、辰野金吾が池田邸にかかわった明治四十五年（大正元／一九一二）と同じ年とされているが、最初の邸宅案は高い完成度をみせているから、この段階ですでにいずれかの建築技術者の手で描かれた和洋館の平面設計があった。しかしこの最初の案を設計したのは片山なのか、辰野なのか、それともまったく別の建築家なのかははっきりとわからない。

池田邸の完成

さて、こうして設計された池田邸と庭園だが、実際にはどれだけ実現しただろうか。まず、池は引き堀が埋め立てられ、鴨池と

幼少の徳川幹子ら兄弟
（大正八年原宿邸にて）

しての機能を失った。池田侯爵の娘で徳川宗敬の妻の徳川幹子は、引き堀を埋めて家を建て、鴨場の名残の池でボート遊びをしたと回想しているから、設計どおり鴨池から舟遊びのできる池へと変更されたことがわかる。当時の写真には池畔に乗船場とみられる足場と小舟があり、奥に茅葺屋根の建物や島が写っている。

門からは馬車道がつけられ、池の周囲や庭園内に園路が巡らされた。一角には設計と同じかたちを踏襲した邸内社が祀られ、邸宅と邸内社のあいだの花壇、蔬菜園が設計された場所には整形された圃場が並ぶ。馬車道と池のあいだの芝生の疎林地では、設計段階では運動器具とテニスコートの設置が不採用となったが、遊具で遊ぶ児童らの姿を写した大正八年（一九一九）撮影の写真が残されている。徳川幹子は、自分たちは鬼ごっこや木登りをしていたが、弟のころはテニスなどの球戯をやるなど遊びが多様化し、父侯爵が用具を揃えてくれたと回想しているから、庭園内には侯爵の意向もあってこうした施設も設けられ、子どもたちの楽しみになっていたようだ。

このように長岡の庭園設計は多くが実現されたことがわかる。一方邸宅は、辰野が大正三年に和館の設計に着手し、清水組が大正五年ころから洋館の設計に着手して、大正九年（一九二〇）までには全容が完成した。

庭園と建築の調和の実現

長岡は庭園設計における思想について、洋館の周囲には青々とした芝生に花卉をあしらい、花壇は美しさのみではなく、果樹園や蔬菜園とともに児童に自然への興味を起こさせ知識を与えると奨める。池は庭園に一段の趣を添え、大きければ舟遊びもできるとし、また運動器具や砂場、丈夫な樹木を備えた運動場を子どもたちのためにつくるともいっている。こうした多様な庭園は、家庭生活の価値が認められる時代となり、庭園も従来の眺める庭から家族それぞれに満足を与えるものへと変わらなければならないとの考えにもとづくもので、家族それぞれが自分で自分のことをしっかりとやったうえで、家族みんなで多趣味多方面な家庭的庭園を維持し、改良していくところに真実の家庭の楽しさが現れてくるといっている。

往時の池田邸と松

華族邸宅である池田邸もその思想をもって設計し、また施主である侯爵自身も、邸宅の建築や利用の過程でこうした思いを共有しつづけたことは長岡にとっても心強いことだっただろう。

また、長岡は庭園と建築の関係にもこだわりを持っている。それは趣深い眺望のためには建造物からみえる遠景は樹のあいだから眺めるようにすることが望ましいというもので、その言葉のとおり洋館側の二階からの遠景を樹間に眺められるようにマツが植えられた。台地上に、池に向かって建てられた邸宅の奥の一角は庭園側に突きでていて、この部分の居間とつぎの間のある寝室、食堂や付添人室のあるスイートルーム、そして洋館へと全体として各棟が雁行し、邸宅が池側斜面に向いて開かれている。これにより池側に面した部屋からの庭園への眺望が確保されており、とりわけ突出させた位置には貴賓が滞在することを想定したエリアを設計し、辰野や清水組による建築設計にもこの基本方針を踏襲しておこなわれた。

このように長岡は自身の庭園設計における思想、つまり庭園と建築の調和された設計を、建造物をともなう庭園の基本的な姿と考え、施主との協議や意思疎通が比較的容易な私邸庭園ではできる限り実践しており、そのもっとも実現された事例のひとつが池田邸といえるだろう。

家族——妻とらと六人の子ども

ここまで仕事を通じた人間交流と長岡の人物像を、ふたつの庭園設計により違った切り口でみてきたが、少しだけ家族のことも触れておきたい。

長岡安平には妻とらとのあいだに子どもが六人いた。子どもたちも優秀で、三番目の子で長男の隆一郎は、先にも書いたが第三十二代警視総監や満州国総務庁長などを歴任した官僚である。この人は明治四十三年(一九一〇)に当時内務大臣だった男爵平田東助の娘の卯ノ江と結婚した。五番目で二男の義男はロシア文学をやっており、いくらか翻訳本を残している。二番目の子で次女の繁は大橋清蔵という人と結婚し、長岡の末の子である房、つまり末の妹を養子にした。この房は作家の佐佐木茂索（のちの文藝春秋社長）と結婚した、同じく作家のささきふさで、大正十年（一九二一）『断髪』の刊行とともに自らも断髪、洋装しモダンガールとして有名になった人である。こうしてみると、どの子どもたちも父安平に負けない、むしろ父をしのぐほどの活躍をしていたようでもある。

年に何度もひと月以上におよぶ設計旅行へでかける長岡にとっては、旅先からやり取りする家族との手紙も楽しみのひとつだっただろう。内容まではあまり書いていないが、多くのやりとりの記録が残されている。珍しく内容を書いた記録をみると、明治四十三年（一九一〇）十一月十八日の手記には自宅から結婚が決まったという知らせがきたので、すぐにお礼と、隆一郎への衣服や結婚のことについて手紙をだしたとある。長男の結婚が決まったことも旅先で知ったが、やはり格別の知らせで少し浮き立つ感情も伝わってくるような文面である。旅に出発するときはいつも家族が見送りにきているが、そのときも人間味がうかがえる。見送りの家族から道中の差し入れがよくあったのだが、たとえば、卯ノ江が苺とさくらんぼをブリキの箱に入れて持たせてくれたとき、スプーンとようじを添えてあるのはとても気が利いていて車中で楽しんだとあるし、大橋夫妻が平沼駅に見送りにきたときも同じようなことを書いていて少し人柄を知ることができる。

しかしやはり知識に裏打ちされた批判的精神の持ち主である。妻とらとの旅行中も自分なりの視点でものをみる態度は健在である。得能邸の庭園設計を終えた明治三十七年（一九〇三）五月十七日、瀬戸田を発った長岡ととら、田中真次郎は尾道で船を乗り換え、午後多度津へと着いた。そこからは汽車で琴平に向かい、着いてすぐ金刀比羅社へ参詣したあと、琴平公園へ回った。とらといっしょでもいくのは公園である。この公園は絶景で、とくに赤松の老樹があり、比治山を彷彿とさせた。園路の勾配が急なことには困り、到底草履掛けでは上り下りができないともらしながら、ついでに頂上ではノムラモミジほか変わった品種のカエデを深山に植えてあるのは面白くないと不満をつづける。坂の途中で老婦人に下り道を尋ねたとき、この公園は道が険しくて遊ぶところはないという言葉を聞いてそのとおりだと深く共感した。この日のうちに高松に向かい、古新町（高松市）の可祝旅店に宿をとる。高松での目的はやはり栗林公園である。

京都の名所旧跡をみて歩く

十八日は栗林公園をみたあと高松港から小豆島を経由し、岡山にはいった。石関町（岡山市北区）の常盤井へ宿をとるも、この日は蛙がうるさくあまり眠れなかったようである。岡山といえば後楽園である。翌日は後楽園を一時間ほど回って朝のうちにはもう汽車に乗り、午後には神戸に着いた。神戸ではいったんとらと田中とは別行動をし、知り合いを訪ねている。そのあいだとらは田中と湊川神社の見物をして過ごした。神戸では宿泊することなく、夕方には京都へと出立し、川端四条の六花園に宿をとった。

京都では仕事の依頼を受けていて、二十日の午前中は青山長祐の別荘で庭園設計をしたが、昼前にはもう観光にでかけた。まずは相国寺で夢想国師の庭を拝観し、午後は裏千家今日庵で茶室や露地をすみずみまで見物し、茶を喫した。翌日も京都の各所を巡る。人力車で栂尾《とがのお》と松尾大社に寄りながら嵐山に向かい、千光寺から深山の眺望を楽しんだあと、下りて舟で両岸の絶景をみながら渡月橋の上方に上陸した。そこから天龍寺を拝観し、新道の急な坂路を歩いて高雄山に至る。岩の急峻な坂を下る途中は、渓流をカエデのあいだから見下ろす絶景である。朱塗りの橋を渡り、階段を登って神護寺にいけば、西の高い丘から山間に渓流がみえて、筆紙に尽くしがたい。

このあたりで昼食としたいところだったが、付近に茶店のひとつもなく、しばらく市街方面へ戻って三宜亭という店にはいった。それから仁和寺、六角堂、観音堂へ参詣し、四条の街で買い物をして帰った。嵐山では亀山天皇のころマツとカエデとサクラが千本ずつ植えられたという話と比べて、今はマツが七分、カエデが二分でサクラは一分と見立てたが、ここの景観は気に入ったようで、各地の公園設計ではよく嵐山を彷彿とさせるようにという方針を示したほどである。

二十二日の午前は両本願寺と伏見稲荷、祇園社へ参詣し、午後は東本願寺枳殻邸渉成園を拝観した。渉成園ではいつもの専門家の目線が発揮される。庭園のなかは自然の風景に富み、とくに大池の様子がとてもよく樹間の反り橋が景色をつくっている。茶室縮遠亭の天井の棹縁には賤ヶ岳七本鎗のうちの三本が使われ、室の裏手には河原左大臣源融の庭に塩浜があったときの塩入という手洗鉢があり、太閤の朝鮮刻六角石灯籠、桃山御殿の回棹廊という橋殿、池のなかの小島には左大臣墳墓の石九重塔、傍花閣とどれも結構なものである。閣下には桜楓の林があり、庭園中にクスノキの大きな古木が二本あって河原大臣の遺物という。

ここまでは満足げに庭園を楽しんでいたが、最後に新たに建設された料亭とその庭をみたときは、池のなかに庵があって建物の東の方に刈込や清水流れがあり、近年の庭で西洋風の感があり面白くないので改良を要すると長岡らしい印象を述べている。

その後高倉通錦小路の銀行集会所の庭へ寄る。この庭は源頼政の庭跡で、子爵品川弥二郎が所有していたこともあるが、石灯籠や樹木などは古くからのものがあり、建物の一部には頼政の時代のものが保存されている。ここでは庭はとくにみるべきものはないが、市街地にこのような古庭園が保存されていることは面白いと記しており、文化財保存にも尽力した長岡の興味の一端を知ることができる。

吉野山、法隆寺などをまわり帰途に

翌日は京都を離れ、奈良鉄道で奈良に向かった。到着してすぐに春日大社などを巡覧し、三笠山に登ったあとは桜井駅に移動して人力車で談山神社にいった。頂上の社殿までは坂道が険しく途中からは人力車を降りて歩いたが、沿道は流れあり、滝あり、スギの大木がありと景色がよい。日光の見本となった朱塗りの社殿に満足し、下りは悪路に不満を募らせながらも歩いて岡駅に着いた。岡観音堂では本堂脇の小さな山門近くの、塀の棟瓦の上にある毘沙門天、大黒天、寿老人の五寸ほどの小さな像に目を止めて珍しがっている。橘寺では堂の前の古い石灯籠が、庭造伝に載っている石灯籠の濫觴だと読み漁った庭園書からえた知識を披露しているかと思えば、この日に泊まった土佐宿の上田屋が京都の旅館六花園とは違い埃のなかで一夜を明かしたと書いたり、大和の地は人力車に洋犬一頭ずつ綱を引かせ、よく仕込まれた犬は一頭一円から十円までの報償があると豆知識を書き留めたりしていて、興味の幅がとても広い。

つぎの日は壷阪寺に寄って吉野へ向かった。吉野山へは急坂である。人力車は一両に車夫三人と犬二頭つけ、とらだけ乗せて長岡と田中は歩いて登った。妻との旅行なのに日記には妻のことがほとんどでてこず、貴重な妻思いの記述である。吉野神宮を経て各寺院を巡覧し、如意輪観音から中千本をみて竹林院へ至る。この庭は千利休の作庭と伝わるが、刈込が箱庭的で気に入らず、下山してからは吉野川名産の魚料理を食べたがこれも感服せず、千本桜では沿道にもサクラがあることを非難していたから、雨だったこともあってか吉野はあまり気に入らなかったようである。

翌二十五日は法隆寺に参拝し、建物と宝物の立派さに驚いたが、さすがに有名な法隆寺ということで案内書がきっちりしていたのか、詳しくは略すので案内書をみるようにと書きつけていて、日々の私的な日記なのに誰かに語りかけているようで面白い。ただ、境内には古木がないことを残念がり、参道のマツが枯れているところには補植をしたいと希望も残している。ここからついでに寄った龍田川がもっとも辛辣に批判されている。和歌にも詠まれる名所だからさぞ美しい景観だと思っていたのだろう。その語り口は強く、平坦の地に濁った水が流れ、橋も面白くない、カエデも古木は四、五本で小さな木をたくさん植え足してあり、実に殺風景で言語道断、みなくてもよいとまで書いた。吉野も気に入らなかったからこれで春秋の雲錦はともに眼鏡にはかなわなかったことになる。これは単純な批判ではなく、長岡が常々いう箱庭的な、つまり形骸化した観点への反発の表れだろう。だからいつも世の中でいわれていることは本当にそうかと、自分の目で確かめて判断するのである。

それにしてもこの時代によく移動している。つぎは木津川沿いにさかのぼり、梅林の里月ヶ瀬に向かう。この日の日記には終日気分が悪いと書いているが、今度は切符のトラブルがあった。この先向かう予定の伊勢までの通し切符を買ったところ、降りた島ヶ原では途中下車ができずその先の分が無効になってしまったのである。

つぎの乗車のときの島ヶ原の駅員の話によると、上野駅まで乗り越してそこから月ヶ瀬にいくときは代金の損害もなく道もよいのだという。下車するときに伝えてくれれば不都合もなかったのに不親切である。いまさらいっても仕方ないとあきらめた。さて、島ヶ原から月ヶ瀬はなにぶん田舎のことだから、人力車をつかまえるのにもほとほと困り、ようやく出発することができたから気分も悪くなるだろう。それもそのはずで、いままでみてきたように一日で各所の名所をいくつも巡るのである。汽車の本数も多くはないだろうから、なるべく時間を無駄にしたくないという気持ちは想像にかたくない。

あまりいいことのない日だが、月ヶ瀬は思いのほか長岡を楽しませた。人力車で進む沿道にはウメの木がなく、どこでもサクラのある吉野と違って高尚だと褒めている。ここは意外な風致があり、急流の両側に万は数えられるほどのウメがある。大谷、鶯谷、あるいは橋向うの丘から一目に一万本はみられると称えられ、橋の上からの眺めがもっともよい。昔はこの橋がなく渡し舟で、今も花の時期には舟で梅見をするらしい。苦労してたどり着いただけあって、ここまでの不満も和らぐ風景をみることができたが、つぎの地へ移動しなければならない。三十分ほどで引き返し、夜には津まで移動した。

いよいよ五月二十六日はこの旅行の最終日である。朝から津公園をみたあとは、伊勢の神宮参拝のため山田駅（伊勢市駅）まで向かい、人力車での道中は東京もおよばない見事な小砂利敷きの道路だと感心しながら進んで内宮外宮参拝を済ませた。二見ヶ浦で一週間の盛りだくさんな旅をしめくくり、あとはまた夜行列車で長い東京への帰途についた。

郷里彼杵へ帰省

全国に設計旅行にでかけ、ときにはついでに観光地をめぐることのあった長岡安平だが、出身地九州での設計業績がなく、郷里へと帰った記録もほとんどない。そんななか、もう東京市も退職になろうかという大正元年（一九一二）と二年に、広島と山口での設計のついでに帰省した手記があり、長岡と郷里彼杵をつなぐ貴重な記録で郷里での人間関係の一面がのぞけるので紹介したい。

大正元年八月十九日、水野夫婦と房子に見送られ、とらとともに午後三時五十分の

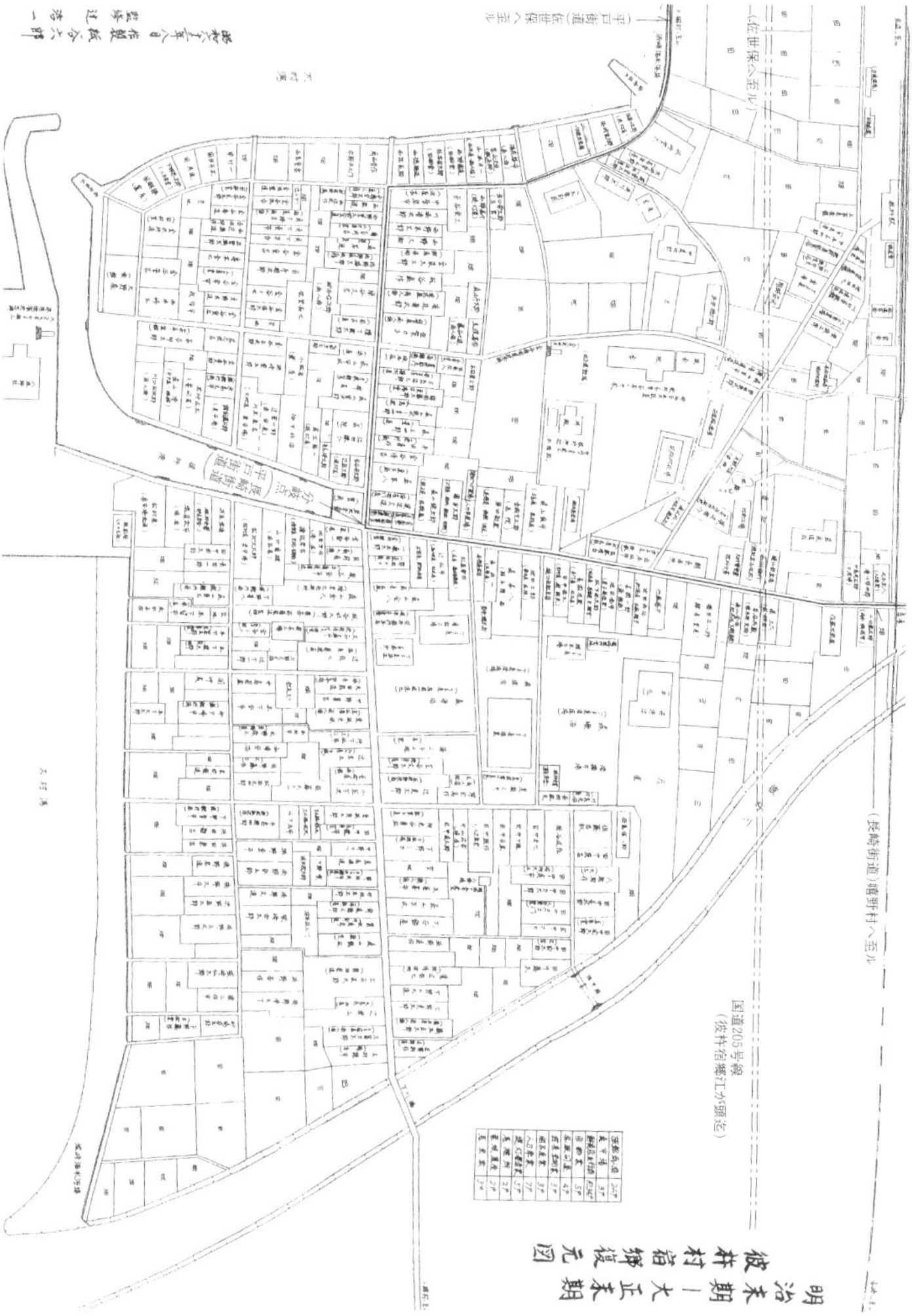
明治末期—大正末期
彼杵村宿郷復元図
（長崎街道）嬉野村へ至ル
国道205号線
（彼杵宿郷江の頭迄）
（平戸街道）佐世保へ至ル
（佐世保へ至ル）
分岐点

帰省当時の彼杵宿

汽車で新橋を出発した。平沼駅では大橋夫婦に見送られ、乗客が多く混みあった車中を過ごしながら進む。郷里彼杵は遠い。二十日の午後八時二十分になってやっと馬関（山口県下関市）に到着し、九時過ぎの連絡船に乗って門司へ上陸し、停車場で夕食をとった。さらに移動はつづき、十一時十分の汽車に乗りこんで二十一日朝四時二十分に早岐（長崎県佐世保市）に着いた。ここで長岡文太郎、森山健太郎、野田勘蔵の三人が昨夜からきて待っていてくれたということであり、その気づかいにいたみいる。しばらく待って六時十分にここを出発し、七時過ぎ、やっと郷里彼杵に到着した。

じつに三十九時間の帰省旅行でありいくらか出迎えの人もいたが、タイミング悪く閉口するほどの激しい夕立だった。とはいえやはり地元が誇る偉人である。夜になっても親戚は長岡家に詰めきりだった。

翌日は一転晴れて、朝は涼しかった。森山や松村又太郎など来訪者はあとを絶たない。昼には文太郎から招待があって丁寧な饗応を受け、午後は隆一郎の病気のときの礼などで妙徳寺に参詣した。翌二十三日は帰省の目的でもある墓参りに、長岡おきわの案内で午前中にでかけた。この日もまた午後は訪問者と過ごし、夕方からは野田家で親戚や近所など数名が集まっての宴席で盛りあがった。この日集まったのは彼杵神社の隣で医院を営む親類の長岡文太郎とそのまた隣で旅館を営む野田勘蔵、割烹新万屋で呉服屋の森山健太郎、塩屋の辻佐七、魚屋の松村又太郎、蒲鉾屋の長岡一郎、畳屋の森三四郎、文太郎の医院の向かいの脇本陣跡に住む森善八とその家族ら二十人ほどにのぼり、大宴会となった。実に長岡の帰省の歓待ぶりがよく伝わってくる。二十四日は親戚まわりを済ませ、今度は森山健太郎の新万屋から招待があった。ここでの割烹には満足し、舌鼓を打つ。夜にはおきわがきてとらとの再会に時間を忘れて話しこんでいた。

はるばる帰ってきた郷里でのひとときはあっという間に過ぎていく。翌二十五日にはもう戻らなければならない。朝には墓碑などの修繕を石工に頼み、費用の二十円と、千代太という人物の学費の九月から十二月までの分二十円、あわせて四十円を文太郎に渡した。東京で過ごして久しくも、郷里は郷里、思い入れのある大切な土地である。代々の墓の修繕は、これまで数々の事業を成し遂げられたことへの感謝もあったのかもしれない。

昼にはまたまた野田の催しでもてなしがあった。親族が集まり、最後の宴である。いよいよ午後三時二十分の汽車で彼杵を出発する。これには長岡文太郎、おかる、おきわ、おさとが武雄駅までついてきて一泊しているから、大切な親族がまた遠いところへ戻ってしまう別れがたさをよく感じさせてくれる。

帰途、博多に寄って一日観光し、呉市を訪れた。新たな公園の仕事の打ち合わせである。二日間公園予定地を踏査し、二日目の夜には市長から宴席の招待があったが、珍しく慎んでいるからと断った。郷里で心安い人たちと楽しみ過ぎたのかもしれない。昼過ぎには出発し、朝食には静岡駅で好物の鯛飯を買いこみ帰った。

この時代、快適とはいえない汽車で片道二日間である。これだけ遠いと、ただ帰省のために郷里彼杵へいくのはむずかしいだろう。その点、長岡は全国から公園の設計依頼がくる。郷里に近い現場があれば寄る機会もできただろうし、現に今みてきた帰省は呉市での仕事にあわせていた。大正にはいると東京市役所の退職も近づき、自由な時間もつくりやすかったかもしれない。大正元年の帰省につづき、翌二年にも山口の住吉神社設計の仕事にあわせ、また帰省がかなっている。

大正二年の帰郷には休む間もない歓待

大正二年（一九一三）九月十三日午後三時五十分、田中とともに新橋を出発した。

このときはとらもほかの数人とともに見送りにきているから、留守番だった。久しぶりに暑い日である。上着を脱いで車内を過ごし、静岡駅でいつもの鯛飯を夕食とした。熟睡はできない。眠っては起きをくり返し、田中はいつもどおりお辞儀のようにからだを揺らしている。山科あたりで夜が明け、曇り空は小雨に変わった。須磨、明石の絶景は別荘や割烹店の林立で感動を失わせたが、沿道の秋草は見ごろだった。

途中の神戸で乗車してきた人と心安くなり話を聞いていると、奇遇にも元西彼杵郡茂木村（長崎市茂木）の人で、十七歳のときから世界一周を思い立ち、マニラに本拠を置いて神戸と横浜に店を構え、直輸出入商を営んでいるという。事業がうまくいった記念に郷里に家を建てているところで、このために帰省するのだということである。その感服の人の名刺には、田川森太郎の名があった。マニラで小売商から始め、手広く事業を展開した田川商店の田川である。彼とは馬関で別れ、長岡と田中はまずは長門国一宮住吉神社（下関市一の宮）に向かった。

十五日から十七日までの三日間を神社の設計に過ごし、十七日の午後七時二十分の下り汽車で郷里彼杵へと出発した。十一時十分に門司をでて、翌朝四時四十分に早岐に着く。ここから文太郎に電報で知らせ、六時二十分に出発し、七時過ぎに彼杵に到着した。停車場へはまた長岡文太郎と野田勘蔵らが出迎え、すぐに野田家にはいった。

この日の午後は、文太郎と森山健太郎とともにまた墓参りにいき、前年文太郎に頼んでおいた墓碑の修繕が立派にできているのをみて安心した。今回も大村から教員の川戸や、実家の隣に住む川尻村長らが来訪し、休む暇はない。翌十九日は時々雨の降る天気だったが、親類をまわり、海水浴場の予定地を検分して意見も求められている。やはり長岡の業績は郷里にもじゅうぶん伝わっていたようで、自慢の偉人としてもてはやされた様子が目に浮かぶようである。夕方からは例のごとく親族が集合し、宴会が開かれ、身内だが福引などもあって盛会となった。

今回の帰省はわずか二日間で、二十日の朝にはまた一宮へと引き返した。住吉神社の設計の途中で抜けだしてきたから、そう長居をするわけにもいかなかったのだろう。午前九時二十分の汽車で彼杵を出発した。停車場までは大勢の見送りがあり、長岡文太郎と森山健太郎、野田勘蔵らは別れがたく早岐まで見送ってくれた。そして午後五時過ぎには、一宮の現場へと戻った。

このとき長岡は七十二歳、年を重ねるごとに体力も衰えるなか、亡くなるまでの残り十年あまりのあいだに、あと何度郷里の土を踏んだだろうか。残念ながら記録にはないが、おそらく多くはないだろう。楠本正隆にしたがって郷里をでて、日本の近代造園の先頭を進みつづけた四十年、そもそもこの多忙に過ごしていた期間に確認できる帰省の記録はこの二回のほか明治三十六年の一回のみで、彼杵へ帰ったこともほとんどなかったのではないだろうか。それでもこうして歓迎してくれる親族や友人がおり、参るべき墓のある長崎・彼杵は、いつになっても若き日々を過ごした大切な郷里だったのである。

第五章

ランドスケープアーキテクト
長岡安平

公園設計書

長岡安平の業績と設計旅行をいくつかみてくるあいだに、仕事ぶりと人物像はある程度みえたのではないだろうか。図面からはどんな作品をつくったかがみえるし、池田侯爵邸では設計の意図も少しでてきた。とらとの旅行では着眼点もいくらか感じられた。だが、実はこれらは長岡の設計思想としては間接的に読みとっていたものともいえる。なぜかといえば、長岡の設計思想、つまり公園を設計するときの考え方は設計書に書いているからである。

長岡の設計図書は設計図と設計書、そして参考図で構成されていると先に紹介したが、設計図は第三章でみてきたとおりたくさん残されている。ところが設計書のほうは今に伝わるものが少なく、完全なものはわずか六つの公園だけである。これらは広島の厳島公園と呉市公園、北海道の中島公園、鳥取の樗谿公園、福島の南湖公園、秋田の山本公園で、設計年代は明治三十六年（一九〇三）から大正十一年（一九二二）までである。この間の長岡の立場と照らし合わせれば、厳島公園は逓信省時代、中島、樗谿、呉市の各公園は東京市事務嘱託時代、南湖、山本両公園は退職後となる。

設計書は大きく分けて表題、設計年月、設計者名、提出先などを示す項目と、設計方針、個別設計事項の三つの部分で構成される。これらの提出先は樗谿公園だけは書かれていないが、中島、呉市、南湖の各公園は所在する市郡の首長宛で、厳島公園は広島県知事宛である。山本公園は江畑新之助という個人宛だが、江畑は秋田県飯詰村長および秋田県議会議員を務めた人物で、この公園は私設公園だった。設計方針では公園の立地や来歴、地形、景観的特徴、全体的な設計方針が記されている。個別設計事項は設計指示を箇条書きで示しており、内容はきわめて多岐にわたる。

設計方針の内容は歴史、立地、特徴を述べた部分と、設計にあたっての全体的な設計方針を述べた部分に分けられる。前半はまず公園を称賛することから始められる。厳島公園では三景の随一としてその名は天下に高く、公園区域は景色無双で海山の風光に富むといい、中島公園では空気清爽閑雅幽邃の地ですこぶる風光に富むという。樗谿公園は深奥幽邃で海山の風光を手のひらにすくうかのように爽快で仙界にはいる感じがし、呉市公園では天然の景色が豊富で公衆遊楽に好適の地だという。南湖公園では山水が豊かで高木老樹が繁茂し、とくに鏡山の樹間から南湖を望む景色は絶景で理想的な公園だといい、山本公園は空気清澄で閑雅幽邃、限りなく遠山がそびえ、山水の風光に富むという。こうした称賛句につづけて、このように優良な立地であるので少し手を加えるだけで来園者が行列するほどとなり公園の目的を達成できるので、みだりに人工を施さない方針で設計をすると述べている。

後半の統括的な設計方針はどういった公園施設を配置するかが中心に述べられており、休憩施設や営業施設の設置が多くの公園で計画され、なかでも四阿、茶店・喫茶店は全公園にわたる。項目の少ない厳島・楞谿・南湖各公園と、多い中島・呉市・山本各公園に分けられるが、これは三景の随一として天下に名高い厳島と、招魂社と楞谿神社周囲一帯の楞谿、白河楽翁公が民衆とともに楽しむために経営した南湖であるから、前の三つは景勝地として人々を集めた地であるのに対し、うしろの三つは新たに公園として整備される地であるため、みだりに人工を施さない方針を取りながらも特性に応じて必要な施設を設ける姿勢が窺える。

また厳島・呉市・南湖の各公園には、方針に特徴がある。厳島公園はほとんどの園路が粗悪で、これを完全なものにすることが急務だとする。もしこれが成しとげられれば、厳島の繁栄につながることは火をみるより明らかだということで、設計の大方針は園路改修に主眼を置いている。呉市公園のときは、わが国で公園といえば地勢はだいたいが丘状になっており眺望や逍遥するにはよいが、公園の本旨である多くの人が集まるのに適したものが少ないのは遺憾だとし、この公園は数万坪の平坦地を持っていてヨーロッパ的な公園となる素質を備えているとしている。南湖公園については、開設当時は多人数が集まるようなことがなかったので専ら逍遥に重きをおいて設計されたものだと思われるが、今日においてはいくらか近ごろにふさわしい経営を加える必要があると、逍遥だけでは公園ではないという意思を感じられる。

一方で、園内に河川の流れる中島・呉市両公園にはどちらも堤防上にサクラを列植し、東京の墨堤を彷彿させるという意図を示しており、そのほか営業店や迷園の設置など定型化した方針もみられる。これら全体方針につづけて、詳細は設計書に列記していると、個別設計事項へと移る。

設計の着眼点と意図

個別設計事項の内容から、長岡が公園を設計するにあたっての着眼点は、園地の造成や上下水道整備、園路や船着場など園内および園外からの動線、公園の基盤整備、植栽設計、公園の各種施設の設置、変更、撤去など公園施設にかかわること、そのほか土地の買収や管理の指示などにかかわることと多岐にわたることがわかる。また、これらのうち指示内容から基盤整備には園地造成と交通にかかわるものが含まれ、公園施設には修景施設、休養施設、遊戯施設、運動施設、教養施設、便益施設および管理施設が含まれる。さらに個別設計事項のなかには、単にその部分をどう変えるかという指示だけをしているものと、その指示の目的、つまり意図が示されているものがある。これらからは利用者の利便性、景勝の観賞、設計対象の美観、記念物などの保存、植物の活用、設計対象の用途、構造的不備、公園の管理といった八つのことがらに対する考え方を読みとることができる。

各公園の立地、地形、来歴はさまざまだが、設計の着眼点からすると、対象の種類が多い公園施設にかかわることの割合が大きくなる公園がほとんどで、とくに樗谿、山本公園のふたつは半分以上がこのことに関する指示である。そのなかで厳島公園だけが基盤整備に関する指示がもっとも多い。また南湖公園も基盤整備にかかわることが比較的多く、この二つの公園はほかの公園よりも公園施設にかかわることが少ない。植栽については平均的に触れられているが、呉市公園だけは少し多く、そのほかについてはどの公園も多くはない。特徴的なものは、南湖公園の園地造成、厳島公園の交通にかかわる指示が多いこと、厳島と樗谿の二つの公園が景観施設にかかわるものが多く、厳島公園は休養施設にかかわる指示も多いことがある。また、呉市と山本の二つの公園は遊戯施設と運動施設にかかわることが多く、山本公園は加えて樗谿公園とともに教養施設にかかわる指示も多くなっている。呉市公園では便益施設にかかわることも多く、中島、樗谿の二つの公園は管理施設にかかわることがほかの公園に比べて多い。

このような着眼点の傾向を設計方針と照らし合わせると、まず厳島公園は園路改修に主眼を置くとしたとおり交通の指示が多くなっている。呉市公園は広い平坦地があるから多人数を集める施設として遊戯施設や運動施設に着目しているし、あるいは同じくまったく新たな公園として設計された山本公園も遊戯および運動施設についての指示が多めになっていることに加え、教養施設への指示が多く、多様な公園施設を持つ公園として設計されている。一方で神社境内地を公園として設計した樗谿公園は同じ教養施設にかかわることが多いが、こちらは現存の神社施設について新設よりも改修、移設などを指示している。南湖公園については比較的幅広い着眼点を持って設計しているが、園地造成の指示がほかの公園より多いのは人々が集合する場所がないという現状に起因するのだろう。

設計の基本八つのポイント

さて、こうした設計事項は造園家長岡安平の設計思想を明確に示してくれる。ここからはどんなことを考えて公園を設計していたのかを、先の八つの考え方で順にみていきたい。

まずは利用者の利便性（1）の向上や改善を意図した指示である。

これはたとえば、「飲料水の井戸を一ヵ所新設して運動する人に便利なようにすること」「四阿を建設し休憩所に供すること」といった単に利用者の便と表現されるものや休憩、娯楽、児童の利用といった具体性を含む表現のほか、「勾配の急な所に木段を設けること」「高いところを切り下げ、低いところを埋め立てて勾配を緩やかにすること」というような指示や、指示対象自体が利用に支障があるといったものもある。このほかこういった意図によって園路や階段の設置、補修、井戸や木灯籠、ベンチ、四阿の設置、動物の放養や動物園の設置などが設計されている。

とくに厳島、南湖の二つの公園では園路の勾配に気を配る指示が多くみられ、「子どもが昇降しやすいように」や「女性でも容易に昇降できるように」と、誰でも利用に支障がないように配慮されている。また「園内の雑木林中には獣類や鳥類を放養し、自然風の動物園として珍しさを与えれば老若男女の娯楽となって公園の本旨に沿う」、あるいは「徒渉池を設けて池のなかを歩かせ、十才以下の子どもが専用に遊べるところとすること」、「各種新式の器具を設置し、子どもたちの運動場にすること」といったように、とりわけ子どもたちの利用に関する指示は多くみられる。

景勝の観賞（②）については「ここは市街を眼下に見下し、海山の風光がとくに優れたところだからベンチを設けること」というように公園内の眺望、もしくは公園から周囲を遠望したときに優れた景観があるとき、これを観賞することが意図となっている。ほかにも「四阿を一カ所建設し、瀑布を眺めやすくすること」「四阿を建設し、湖水や渓流を眺めるのに使うこと」など眺める場の設置や、「風光がいっそう素晴らしくまれにみるところだけれども、道路が悪く不便なのが惜しいので改修する」というように、景勝地を訪れあるいは景勝地を遠望できる場へと進むための園路設置、改修などが設計されている。

設計対象の美観（③）という点では、設計するものそのものが公園に美観を添えるよう、もしくは美観を害することのないようにという意図のほか、すでに美観を害し、または不適当、不要といった理由で、工作物や建築物の設置、改修、撤去をはじめ、池や流れ、築山、植物の設置、改修、撤去など幅広く設計されている。例えば、「清水流れの両岸を天然石で築き風致を添えること」「橋に石造の高欄を設置し美観を添えること」「マツをまばらに植え、風致を添えること」といったものや、「噴水は天然の美観を損なうので廃止すること」「石灯籠は庭園のように設置されていて南湖の景致を損なうので社地に移転すること」「溜池は必要ないので埋め立てること」などの指示がある。また、目指そうとする景観の決まった表現として「サクラを列植して墨堤を彷彿とさせる」という東京墨田堤の景観と、「ヤマモミジ、マツ、サクラを配合よく散植し、嵐山を彷彿とさせる」という京都嵐山の景観がみられる。

記念物や古木の保存、建築物などの復元（④）を意図して設計されているものには、「相生ノ松の周囲に木柵を設け、永遠に保存するための方法を講じること」、「記念の建築物なので南湖共楽亭の南方の中段地に移転し、永遠に保存されることを望む」といった指示がある。

植物そのものの観賞や緑の量の確保（⑤）のために、植物の植栽、管理、もしくは花壇の設置などを指示しているものとしては、「小さい樹木はなるべくほかに移植し、モミだけで壮観になるよう」というように特定の樹種を観賞するための指示や、「低木や草花を散りばめていつでも観賞できるようにすること」「小さな花壇を設置し、公衆の観覧に提供すること」といった花を楽しむものがみられる。なかでも「ヤマモミジを主木とし、マツを交えて紅葉黄葉によって緑葉と対比させて風光を発揮させる」「山いっぱいに各種のサクラを植えて花の楽しめる期間を長くし、全国第一のサクラの名所とする」という意図や、先に紹介した墨堤、嵐山にもあるとおり、カエデとサクラにかかわる指示が多く関心が高かったことがわかる。

また、「突然トンネルを通過する感じがして面白い。だから通行に支障がない限りは間伐をせず、自然に任せておくこと」「樹木が鬱蒼として閑雅幽邃でにわかにえられる景色ではないから、みだりに切らないように注意すること」「樹木が不足している場所にはマツ、ヤマモミジを補うこと」など植物の量により景観をつくる指示もみられ、まさに生き物をあつかい、成長を見越した造園家ならではの視点がここにある。

設計するものをどう使えばよいかという用途に関する指示⑹もある。「地上の高低を敷き均し、特段道幅を定めることなく随意逍遥できるところとすること」のように、ある用途を目的として地形の造成や園路、休憩舎などの設置が指示され、逍遥地や運動場といった常時利用の用途に使うための指示のほか、「四阿を建設し、普段は休憩所とするが運動会などの催しのあるときは奏楽堂として兼用すること」といった催事のときに臨時に用途を与える指示がある。このほか特殊なものとしては、「適当な勾配をつけた土手を築き、これに芝を張って自然の滑り台とする」、「マツ林や池の畔などは森林劇を催すのに適している」というように施設を設置するのではなく、使い方を示しているものもある。

施設などの構造が完全でない場合は、その不備を改善（⑦）するために改修や撤去、または補完するものを設置する設計をしており、水量を増加させるための水路の改修や、園路に支障のある建築物を撤去することなどが含まれる。例えば「暗渠を伏せ、下水を池のなかに注がないようにする」、「下水の構造が完全になっていないので道路が大破するおそれがあり、下水、道路ともに修繕を要する」、「腰掛台が高すぎるので地盤を盛土する」といった指示がみられる。

これまでは公園の施設や設備についての設計意図だったが、公園の管理上必要と認められる指示（⑧）もしている。これは日常管理のための指示のほか、危険防止や目隠しのための設計があり、「小さいマツやアセビを植え付けて生垣とし、転落などの危険がないようにすること」、「常緑樹を密植し、広場まで一気に見とおせてしまわないようにすること」といった指示は多く、ほかに「常緑低木を密植してみだりに出入りしないようにすること」、「釣堀所とし、釣魚に対しては相当の料金を徴収すること」といったものがある。

公園ごとの設計意図

設計書にはこのような細かい指示がいくつも書き連ねられていて、どこをどのようにすればよいのかがわかると同時に、長岡が何を考えて、どんな思想で公園を設計していたのかが読み取れるのである。これらの意図を公園別にみれば、それぞれの公園を設計するにあたってどこに重点を置いていたのかを知ることができる。

すべての公園で全指示のうち三割程度あるのは、利用者の利便性と、設計対象の美観に関するものである。なかでも山本公園は利用者の利便性にとくに大きな割合を割いていて、公園の意義から利用者の利便性のための意図が大きいことは当然のことではあるが、山本公園以外では、このほかの意図も多くあって利便性ばかりではない。設計対象の美観に関する意図が多いのは中島と南湖の両公園で、利便性よりも美観を構成することに注力されている。

一方で、厳島公園はほかの公園に比べて景勝の観賞が重視されていて、勝地の公園としての特徴が顕著となっている。また呉市公園は設計対象の用途にかかわる意図が大きく、広大な平坦地がある地に新たにつくられる公園という特徴から、平坦だから可能となる用途を与えることができ、ほかとは異なった視点となっていることがわかる。

各公園の来歴について厳島、楞谿、南湖公園は従前の景勝地であり、中島、呉市、山本公園は新たに整備される公園であると先述したが、この視点からも違いが確認できる。景勝地の公園では厳島と南湖で記念物などの保存を意図しているとともに、景勝の観賞もねらっている。一方、新設の公園での景勝の観賞についての意図は中島公園でわずかにあるものの、呉市、山本の二つの公園は冒頭の設計方針でそれぞれ勝地であることが称賛されているにもかかわらず、まったく意図されていない。それに対して三つの公園とも景勝地の公園に比べて設計対象の用途にかかわる意図が大きい。

つまりもともと景勝地だった公園は観賞することに、新たにつくられる公園は墨堤や嵐山を模した景観の創出や多目的な用途への利用に設計の傾向がみられるのである。

設計書にみる設計思想と遺稿

『祖庭長岡安平翁造庭遺稿』は、自らを弟子だという東京市公園課長井下清が長岡の遺稿を集めてまとめたもので、長らく長岡安平を偲ぶ唯一の史料として大切にされてきた。この遺稿集には公園や庭園の設計についての長岡の思想が項目ごとに分けられて記されている。

まず公園の意義について「公園は一般の人々や子どもたちを歓待するために、とくに注意して設計しなければならない」とし、「すでにある自然の地形をできるだけ利用し、眺望のよいところや緑陰の濃い林間、水が澄んでいる流水のあたりには、努めてベンチや四阿を置くべき」であるとともに、「第一に大勢の人が集まれる広場があること、第二に子どもたちの遊戯場を備えることは必要条件である」という。実際の六つの公園の設計書をみると、すべてがなるべく人工を加えない方針とされ、とくに厳島公園で眺望を楽しむためのベンチや四阿の設置がたくさん指示されていることとあう。必要条件とされた広場や遊戯場も設計され、既存の景勝を楽しむことを重視するとともに、眺望を楽しむべき景勝に恵まれない公園では、名所を模した眺望や娯楽の創出のほか、利便性や用途を重くみた設計がみられる。

各論に目を転じると六つの公園すべてに通じる思想が多い。例えば「坂路はなるべく傾斜を自然になだらかにすること」や、「崩れた崖地も自然の風致にあうように修理する」ほか、公園に植えるべき樹木は「その土地に適した自然木」がよく、「滝は深山のなかに自然的に」つくり、「池の周囲は自然のままになだらかに高くするのがよい」というように、基本的な設計思想として「自然的」というものがあり、これは各公園設計書にもよく表れている。

この裏返しとして「泉水や築山は、箱庭的な設営で天然の風景に添うものではない」「噴水は天然の美景を損ねる」「石灯籠は庭園的な設置で南湖の景致を損ねる」などと設計書にみられる。これについて遺稿集に「庭園の古書などというものは多くは旧時代の遺物とでもいうもので、いたずらに法則に縛られた箱庭的な庭園の設計法を説くのみ」といったり、「面倒な奥義秘伝とか、堅苦しい複雑な詳則などが生じてきて、著しく造庭法に制限を加え、束縛を与えるに至った」、あるいは「あまりに人工を加へすぎては自然から遠ざかり、箱庭になって品位を落とす」ということをいったりしている。

それまでの庭園書に書かれている造庭手法への反発が公園設計の思想にもよく表れ

ていて、それに対する「自然的」な設計へのこだわりは長岡の思想において重要な視点である。

しかし、景勝の眺望のために園路を開設することや、傾斜を緩やかにするための造成、運動場や遊具、動物園などの設置は人工的なものである。ここには自然の地形を利用しながらも、公園である以上は広場や遊戯場を必要とし、「開放的であり、平等的であり、児童本位であること」という思想が最上位として位置づけられているのである。長岡の設計思想はこれまで、人工物の意義は認めながら自然の地形や植生を重んじ、あるいは自然の地形を活かし最小限の人為を加える設計、もしくは雑木林のような景観や逍遥的な景観に特徴があり、一方利用の面では市民を中心とした社会性や教育面にも重点を置くということがいわれてきた。しかし、むしろこんな評価ができる。それは、自然の地形や眺望を尊重しながらも、公園として一般来園者の利用を最重視し、人工をなるべく目立たせない美観と利便性に配慮した手法によって公園施設を整備するもので、しかも公園の立地や来歴によって観賞と利用の比率を変化させるというものである。

確かに厳島公園のように自然豊かな景勝地に設けられた公園には、危険なく今ある風景を楽しむという思想が設計に表れているが、景勝が貧弱な設計地では嵐山や墨堤を模すなどの手法で、積極的に風致や美観を創出しようとする姿勢がみられた。こうした設計に寄り添っている思想として「自然的」というキーワードが頻繁にでてくるが、これはむしろ天然の状態を表す自然ではなく、造庭の型となったような人工的に過ぎる法則や手法への反発として、飾らない、または気取らない状態を表す自然という意図ととらえるのがふさわしい。

私邸庭園の設計思想

ここまでは公園の設計思想を書いたが、私邸の庭園にはひとつの重要な要素がある。それは、邸宅という建築物が必ずあることである。長岡の図面には私邸庭園の設計にかかわるものも多い。集合住宅の図や庭園設計図、建築設計図などである。これらの特徴は建築平面図の多さと、庭園設計図のなかの建築物の概略図の詳細さがあげられる。とくに池田邸では複雑な邸宅のかたちと部屋の用途や配置が書かれていたが、ほかにも建築平面図が縮小してそのまま入れられたものもある。

遺稿集は、冒頭に「庭園の必要」、つづけて「建築と庭園」「庭園概説」「庭園の設計」

「郊外住宅と別荘の庭」などの見出しで長岡の庭園設計と建築との関係について収録している。まずこのなかで「緑がしたたり、芳香の満ちている優雅な庭があってこそ、その建築物は生きてくる」ものであり、「人の住む家である以上は、庭園なしに完全なものということはできない」とする。また、「庭園は客室、書斎だけに付属したものではなく家屋全体の庭であり、家庭全体の庭園であるべきである」ということをいっている。つまり建築は庭園との調和によってこそ完全なものになること、庭園は少なくとも住宅建築には必須のもので、家庭本位のものであるべきことなどの基本的な考え方を知ることができる。

こうした考えは繰り返し述べられているが、さらに近代では建築と造庭とがほとんど没交渉におこなわれているため、建築家は家屋を建てるまえに建物と庭園との関係を熟考しなければならないという。造園家も、いまとなっては造庭の専門家、つまり全体の均衡をみて空間を組み立てるお庭師に相当すべき造庭家を失っており、調和を考えて完全な設計をおこなっているものは皆無だという。また、こうした状況を改めるためには、あらかじめ調和を考え、造庭をするうえでの意見や方針を定め、造園費を建築費とともに最初から考えておく必要がある。これによって庭園は建築物と調和してみる人に美観を与え、建築物の美観をいっそう増すだけではなく建築物の短所を補うとしている。

こうした庭園への思いはさらに「樹木」「玄関先の庭」「客庭」、「洋館の周囲」「花壇」「果樹園と蔬菜園」「養鶏場」「池」「運動場」といった部分ごとの考え方や、「郊外住宅と別荘の庭」といった文章で具体的な設計上の要点として記され、それぞれから長岡の理想とする私邸庭園の要素を知ることができる。ここでは例えば、花の生けられた座敷からみる庭園内には花木を用いないことや、客庭は主人の人格、家の品位を表すといった伝統的な生活様式を踏襲しつつも、花壇が子どもたちの教育上有意義なものであること、庭園でとれた魚や野菜、果物などを食べ、また人を訪ねるときの手土産に使うことが家庭の和やかさや親密さを増すとして、池や蔬菜園をつくることが望ましいことなど、先の基本的な考え方と合わせて、家族が「使う」ための庭園を志向していることがわかる。

一方、眺望への配慮も大きな要素である。洋館は窓越しに庭園をみるため、窓ごとにいくらかずつ景色が変わるようにつくるとおもむきがあり、遠景が常に正面に現れないようにすることに注意すべきで、遠景が見渡せる部屋を限定したり、もしくは前景に植樹をして樹木のあいだから遠景がみられるようにしたりする。そうすることで変化のある眺めになるともいっている。

このようにたくさんの庭園の設計思想を説いていたり、私邸庭園や建築関連の図面など設計事例が多く残されていたりすることからみても、公園設計のみならず、私邸庭園設計も長岡の造園に対する思想の重要な一画を占めていた。しかし、個人の庭園という性質上、残された設計書や図面が少なく、その思想が実践されたのか、またどのように実践されてきたのかを知ることはむずかしい。だから長岡の業績では史料が多く残された公園にスポットライトがあたることが多いのだが、私邸庭園も忘れてはならない大きな業績である。

神社という造園空間設計

長岡の経歴にはもうひとつ、まったく違う性質の造園空間がある。市民のために開かれた空間である公園でもなく、もっぱら個人の楽しみでつくられた私邸庭園でもない、祭祀空間としての神社である。

公園選定令のところで社寺が公園となったことは紹介したし、長岡はこうした境内を公園としたところの設計も多く手がけている。今取りあげようとしているのはこれらの公園ではなく、純然とした神社境内の設計である。先にみた樗谿公園は神社の境内を公園にしていたし、浅草公園や芝公園は寺院の境内を公園としていたが、これらは公園として、しっかりと長岡の思想によって設計されていた。公園の設計思想に沿ってである。ところが、神社を公園にではなく、神社境内としての設計となると明らかに設計に対する態度が変わる。大正時代、長岡の最晩年になるが、靖国神社の改良設計にこれをみてみたい。

靖国神社は明治二年（一八六九）、戊辰戦争以来の殉死者慰霊のために創建され、以後戦役の殉死者を祭神として合祀を繰り返しながら現在まで祭祀されてきた。現在では東京のサクラ開花の標本木があることから春には親しまれる一方で、政治的な俎上に上ることも少なくない。創建当初、招魂社と呼ばれていたころには殉死者を慰霊する場として国家的な祭祀がおこなわれると同時に、その祭礼は市民の楽しみともなっていた。しかし公園選定令によって寺社地が公園として扱われたことにつづき、東京市区改正設計が多くの公園を神社に求めたことで批判の声が広がっていった。

この風潮は靖国神社でも例外ではなく、造園家小沢圭次郎は明治二十六年（一八九三）

に発表した「公園論」により、市区改正設計に対して神社の公園化を強く批判し、靖国神社を敷地とする富士見町公園についても「ヨーロッパの国々に公園内で大祭典を催し、兵隊が参列し、園地の大半を競馬場にして遊ぶことなど聞いたこともない、実に奇妙な公園だ」と論じている。これは長岡安平も同様で、「神境神苑と普通人の行楽地である公園とを混同して設置しようというのは思いもしないこと甚だしい」という。神社境内の公園化も手がけてきた長岡の言葉とはにわかに信じられないようなものである。

このような状況のもと、それまで施設の整備を中心として境内を充実させてきた靖国神社に、大正三年（一九一四）ごろから神社地の改修計画がもちあがり、靖国神社地改修の必要性を献言した長岡安平がその改修設計を担当することになった。

靖国神社の変遷

靖国神社地は、明治二年に招魂社創設の運びとなり、当時軍務官副知事であった大村益次郎らによりいくつかの候補地のなかから、宮城の北西に隣接し高燥の良地である田安台（九段坂上）が選ばれた。同年仮社殿にて創建されるが、翌三年には一部区域を減らし、明治五年に新正殿が竣工し遷宮となった。その後明治十一年（一八七八）には牛ヶ淵付属地を取得し、翌十二年別格官幣社に列格、名称を靖国神社と改められた。靖国神社地の性格と形状に大きな影響をあたえたのが、東京市区改正設計の公園計画と市街鉄道の敷設である。まず、東京市区改正設計により靖国神社とその付属地である牛ヶ淵が富士見町公園として指定されたが、新設計では牛ヶ淵付属地は公園計画から外れ、富士見町公園は境内と旧馬場の区域だけとなった。当時靖国神社を管轄していた陸軍省としては、牛ヶ淵付属地は非常時の社地代替地としてや、諸興行のため、あるいは火災時の避難地や同地利用により収益をえるための地という目的があり、公園となってはその目的を達するための代案もえる見込みがないため、設計変更を機に公園地から除外したい意向があった。一方、市街鉄道の拡張によっても靖国神社地は影響を受けることとなり、明治三十八年（一九〇五）と四十年に鉄道敷地として境内を減らしている。

神社施設に目を転じれば、明治二十年（一八八七）と四十年にそれぞれ遊就館の増築工事が竣工し、明治三十四年には馬場の廃止と拝殿竣工、明治三十六年（一九〇三）能楽堂移築竣工、明治三十七年相撲場起工、神苑改修といったことがつづく。明治四十年までは靖国神社にとって、日露戦争の戦利品など収蔵のため遊就館が増築され、能楽堂や相撲場の整備など境内が充実される一方で、都市化による神社地の減少も進んだ時代であった。

市区改正設計を受けた神社の公園化についての再検討が広がるなか、明治四十四年（一九一一）には長岡も新聞記事で神社と公園について持論を語り、靖国神社に対する意見もしている。それは、靖国神社の境内は多数のサクラを植え、裏には箱庭のような小細工庭園をつくり、ただ陽気に楽しむのを目的にしたようで、公園ならこれでもよいが国家殉難の英霊を祀る社殿に対してはもっと森厳幽邃に神々しく、自然と人の気を引き締めるようでなければならないというものである。

神社は神社らしく

そんななか、大正三年（一九一四）に神社地改修が議論されるようになる。それまでも旧馬場については修理がおこなわれていたが、ここにきて大規模な改修が計画されるようになった。その心境を長岡は「大祭のときに合祀となった遺族ら参拝者は勅使がくるなどいっそうありがたさを感じたときに、鳥居の前でうるさくされていてはありがたみが薄くなってしまう」といい、賀茂百樹宮司が「なるべく厳粛なもの、神聖なものとさせなければならない」と支持している。さらに長岡の論は熱を帯びてくる。九段のあたりを逍遥する人は靖国神社の周囲や境内があまりに俗塵にまみれているのに気づくだろう、参拝する人は社殿の荘厳とあまたの神霊により敬虔の念が生ずるとはいえ、振り返ればたちまち雑踏のなかにある心地がしてなんとなく物足りない思いがするだろう、この理由は神苑があまりに俗にできているからである、あれはどう考えても勇敢なる帝国の軍人を合祀する別格官幣社の神苑とは思われず、むしろちょっとした富豪の庭園か、さもなければ下手な公園である、というのである。

それから一年ほど検討が進められ、大正四年（一九一五）に設計が公表された。その設計方針は樹木、通路、池、鳥居、銅像、付属施設、利用にかかわるものに大別される。樹木は花木を取り除き針葉樹を中心とした常緑樹を密植し、旧馬場から社殿にかけて一直線の石敷きの参道を設け、境内をみだりに通行させないよう門を閉じることとしている。また鳥居や銅像のほか付属の施設は必要に応じて改修、移設、撤去が計画されている。さらに指示は物的な変更に止まらず、興行や露店の取り扱いにもおよんでいる。これらはどれも大きな変更をともなうもので、同年の新聞でもほとんど

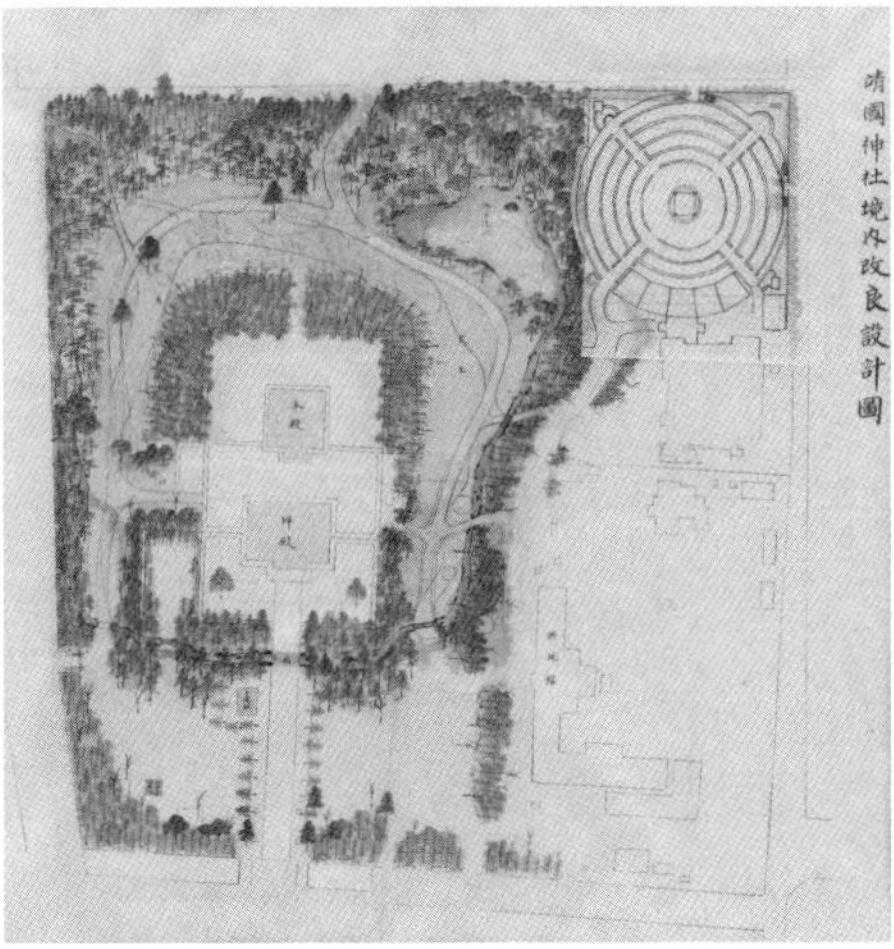

靖国神社境内改良設計図

原形をとどめない大改造と評されたが、その目指すところはただ一点、神社としての荘厳さを創出するためということに尽きる。これは神社側の希望でもあり、当時の賀茂宮司は、このような雑踏に囲まれていながらも、樹木が鬱蒼としていかにも神聖な場所らしい気分を一般参拝者に持たせられればと期待を寄せていた。

この期待を背負った設計をみると、社殿周囲と境内外周に樹木が密植されている。全体的に針葉樹が描かれ、社殿裏の池の周囲には広葉樹がみられ、数本のカエデが確認できる。まばらにあった樹木が集められ、社殿周囲をめぐる通路沿いには芝生の空間がつくりだされた。この芝生地の確保には、もとより細く計画された通路の効果も大きい。社殿北側の遊就館から相撲場にかけても樹木が植えられた。池は拡張されてかたちが変えられ、社殿を取り囲むように流れが描かれている。この図に大鳥居はみあたらず、相撲場が追加された。ほぼ設計方針に沿ったものだが、大鳥居の跡地への小さな鳥居の設置はなく、池と相撲場の改修が追加されている。とくに池は流れの新設をともなう大規模なもので、境内設計のひとつの主要な部分だったことが窺える。

旧馬場には直線の参道が設けられ、中央を車道、両側に歩道とし、歩道の脇には針葉樹の並木が、外周にはサクラなどが描かれている。旧馬場西端の南北道路は歩道として狭められ、その少し東に新たな南北道路が計画された。銅像は入口北側に移設されて参道の一直線を妨げるものはなく、大鳥居は九段坂上の入口に描かれている。費用がかさむとして新聞紙上を賑わした大鳥居と銅像の移設は長岡自身も苦慮したが、最終的にはどちらも移設することで計画された。

計画変更の末の改修完了

この設計にしたがい、まずは拝殿から大鳥居までの敷石工事が施工された。これは旧馬場入口から社殿までを石敷きの参道とする設計の部分的実現である。実情は不体裁な部分を先行して施工したものであったが、少しながら工程を進めることができた。つぎは南北道路が付け替えられ、またしても部分的な施工とはいえ長岡案を踏襲して

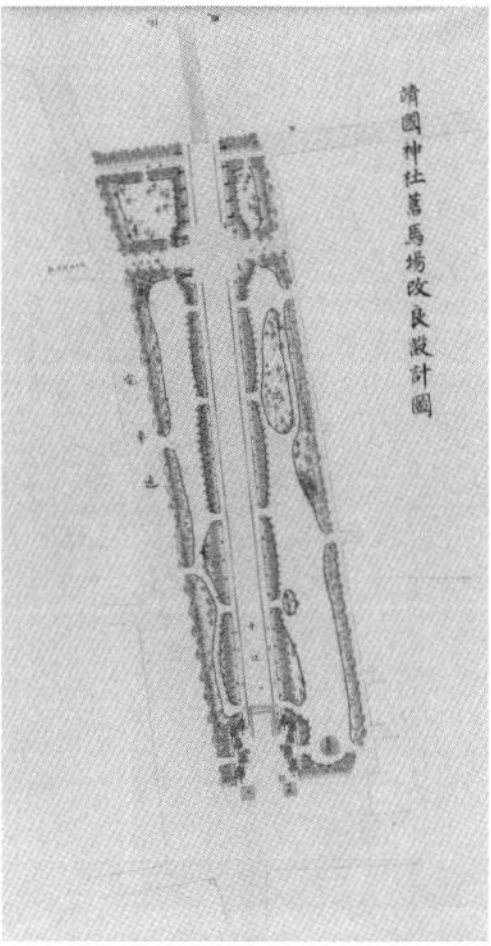

靖国神社旧馬場改良設計図

おり、この工事で広げられたところには植栽も施された。しかし分割されながらも長岡案どおりに工事がつづくことはなく、参道整備は大きく変更されてしまった。入口から拝殿まで一直線の参道を設けるために主張された銅像の移転は実施されず、銅像を残して左右を回りこむかたちとなった。参道自体は計画どおりの幅を確保されたものの、その両側に設けられるはずの歩道はなく、舗装も敷石ではなく砂利敷きとされた。話題となっていた大鳥居の移転もなされていない。一方で南北道路の付け替え工事にともない、靖国神社発注の工事とは別に長岡の計画にはなかった旧馬場北側に沿った道路の拡張が実施された。靖国神社の経費は通常国庫からの年間予算で賄われていたが、こういった大規模工事には大祭時の臨時交付金や陸軍省からの臨時支出によっていた。神社独自では執行できないこうした資金事情が、工事の分割や計画変更の少なからぬ理由だっただろう。

このあと、大正七年（一九一八）に長岡の計画にはない参集所が竣工し、大正十年

（一九二二）には旧馬場入口に第一鳥居が建設された。第一鳥居の建設は長岡が主張した大鳥居の移転箇所であり、移転ではないものの、二つの鳥居を設ける計画は実現したことになる。しかしこのほかは大きな工事はなく、境内については池の改修や流れの創出、相撲場の改修といった計画も実現していない。大正十二年には関東大震災が発生し靖国神社も少なからず被害を受けたことから、長岡の設計は第一鳥居の建設で役割を終えたといえる。

長岡はこの改修で靖国神社の神聖さを高めることだけをめざし、それは神社の公園化を疑問視する時代性に適い、靖国神社にとっても望むところだった。しかし計画の実現には資金的な制約や、計画に対する関係者の理解の程度差もあり、計画の変更や停止を強いられた。しかしながら参道は整えられ、第一鳥居の建設により長岡の計画よりも壮大な二つの鳥居の景観がつくられているから、参道については神社の荘厳さを高めたい長岡の思いは少しばかり実現できたというべきだろう。

長岡安平は日本初の「ランドスケープアーキテクト」

長岡安平という人をひとことで表すとすれば何がふさわしいか。東京府、東京市の吏員というのは人物のイメージが湧かない。これまでは多数の公園の設計業績から、わが国の公園の先駆者などといわれている。しかし、公園に匹敵するほどの私邸庭園の設計もしている。であれば作庭家でもよい。ただ本人は形式化した庭園をとことん嫌っていたし、庭園をつくるときも作庭ではなく設計ということを徹底していたからこの呼び方は古くさいと怒られそうな気もする。それに公園の先駆者も作庭家も長岡の業績の側面はいい表しているが、すべてではない。厳島公園のように現代の自然公園に通じる設計も手がけているし、街路樹も、文化財保護も長岡の仕事である。造園家、とすればある程度うなずけるのだが、都市計画家というのがべつにあるから公園から先の広域的な計画や設計につながりにくいきらいがある。このごく狭い範囲から広大な範囲をとりあつかう現代の造園の分野をすでに明治時代に担った長岡を、ひとことで表すならこちらも現代風にランドスケープアーキテクトとするのがふさわしい。

ランドスケープアーキテクトは何も現代にできた新しい言葉ではない。長岡の活躍とそれほど時期のずれない十九世紀中ごろに、ニューヨークセントラルパークをつくったフレデリック・ロー・オルムステッドが自らこう名乗っている。奇しくも長岡の遺品には、精密に描かれたセントラルパークの図があるから、不思議なつながりを感じさせる。ランドスケープは風景、景観であり、アーキテクトは建築家、ある思想を持って建物をつくる人である。ランドスケープアーキテクトは、ある思想を持って風景をつくる人といえる。まさに長岡安平という人を表すのにぴったりではないか。

世界で最初のランドスケープアーキテクトがオルムステッドなら、日本で最初のランドスケープアーキテクトは長岡安平である。さらに長岡は風景だけをつくったのではなく、そこで遊ぶ人、楽しむ人を本位として設計していた。そこにつくられたのは風景のなかに人が過ごす、「情景」だったことを加えておきたい。

第六章

終焉と、長岡が残したもの

最期の日まで庭の検分

長岡安平は大正十四年（一九二五）十二月二十日に亡くなった。

この日の昼間は、東京牛込区の土田万助邸に、設計した庭のできばえをみに東京市公園課の市川政司とともにいった。記念撮影をして昼食のもてなしを受け、市川と車に同乗して帰ったが、車中では石燈籠に苔をつける方法を教えようなどと上機嫌に話していたという。帰ってから夕食をすませ、すぐに風呂にはいると危ないからちょっとゆっくりするといって読書をして過ごした。その矢先、一時間ほど休んではいった風呂からでたとたんに亡くなってしまった。昼間は庭の検分をするほど元気だったのに、あまりにも突然の最期である。

息子の隆一郎がこのときのことを回想している。


この日の夜、妻といっしょに帝劇に芝居見物にいっていた。何番目かの幕が下りると「白金三光町の長岡さん事務所まで急用」というビラがでた。何事かと思って事務所にいくと、お宅からお父君ご危篤の電話がかかってきましたという。今朝まで元気にしていた父がどうしたのだろうかと半信半疑でタクシーを拾い帰宅してみ

永眠の日（東京、土田邸にて）

ると父はもう冷たくなっている。まるで夢のようである。（『官僚二十五年』）

突然のできごとだったのが、この文章からよく伝わってくる。脳溢血だった。亡くなるその日まで自分が設計した庭に訪れて、最後の最後まで造園の設計に携わっていたということは、人生を造園にささげてきた長岡安平らしいといえばいえなくもない。

長岡安平が残したもの

長岡安平が活躍していた時代、東京の公園は公園地の一部を民間に貸しつけて、その家賃収入によって維持されていた。公園でえた収入を公園の維持管理費にあて、井下清の時代にはついに公園にかかわるすべての人件費までまかなう独立会計をなしとげた。

明治六年（一八七三）の公園選定令当時、東京府は公園の申請にあたり維持費の捻出に悩み、営繕会議所に相談した。しかし望んでいた回答、つまり江戸からの七分積金の投入という協力はえられず、公園地を部分的に貸しだすことでえた収入を維持管理費へあてることで、内務省に認められた。当時の公園は社寺境内地のような民衆が集まる場であったからこの手法は成功し、浅草公園ではとくに大きな利益を生んで公園を支えることになる。

明治十一年（一八七八）には借地料徴収と借地人の義務について定めた「東京府公園出稼仮条例」まで制定されているから、盛況をうかがい知ることができる。公園の独立会計は第二次大戦終戦まで継続されており、長岡はまさにこの前半期を東京府、東京市職員として最前線で担っており、のちの公園設計にもこの考え方がみえてくる。

長岡の公園設計書には、いくつもの施設用地が営業者への貸しわたしのために計画されている。茶店や喫茶店、カフェといった少し休むための施設から、割烹店やホテルといった食事や宿泊のための施設、変わったものでは盆栽屋というものまでみられる。これらは近隣の利用者に向けただけのものではなく、都会人がはるばる観光にきて楽しめるものでなければならないという。公園を観光資源とする視点である。また、どれも予定地として計画しているから、建物は公園工事に含んでいない。事業者が営業のための建物を自ら設置する、明治版ＰＦＩ（プライベート・ファイナンス・イニシアティブ。公共施設などの設置、維持管理、運営に民間の資金、経営能力や技術的能力を活用する手法）といったところだろうか。

貸し渡すのではなく、公園が自ら営業するものも示されている。たとえば南湖公園では利用料を徴収する迷園、中島公園では動物園といったものである。しかし貸し渡しにしても直営にしても、その目的は公園を継続させるため、すなわち公園の経営のためであった。遺稿集には公園の設計はいかに経営するかを考えてからするもので、決して造園家や少数の人の道楽で設計すべきでないといっている。

また、ひとつの機能しか持たないものは、使用される頻度が低く無駄が多いとされるが、これについても兼用というかたちで多くのものを設計している。とくに好んで設置を指示しているのは音楽堂兼用の四阿《あずまや》で、呉市公園や南湖公園、中島公園などで例がある。これはふだん休憩所として使用する四阿を、運動会などで人が多数集まるときには音楽堂として楽器の演奏をする場に変えるというものである。そのほかにも休憩所の壁の外側を掲示板にすることや、土手や斜面に芝を張って、傾斜に合わせて自然の滑り台や相撲などの観覧のための桟敷とするという指示もあり、合理的な考え方の一面が窺える。

現代の公園は制度の仕組み上、小さな公園がたくさんつくられてきた。いま、街区公園と呼んでいる小さな公園は、ひとむかし前は児童公園と呼ばれていた。その名のとおり、子どもたちが家や学校の近くで遊べる場所を確保したものである。近ごろは子どもの数が少なくなり、高齢者が増えたから児童公園と呼ぶのをやめたが、中身は同じで古くなったよく似た遊具があるだけの小さな公園は使われなくなってしまった。ひとつの機能しか持たないものは、使用される頻度が低く無駄が多い。まさにこのとおり、これからの公園は、長岡の念頭にあったいろいろな利用ができる多面性、多機能化へと進もうとしている。

明治も後半になると、ある程度地方にも公園がどんなものか、何を備えていればよいのかというイメージがつかめるようになり、わが街にも立派な公園をという希望が増えてくる。だから長岡が全国で設計をするようになるのだが、依頼者が費用も考えずに過大な要望をだし、それに沿った設計をしても結局予算を確保できずに実現されないことも少なからず経験するようになる。そんなことが繰り返されるうち、理想を語るだけの態度を批判する場面もみられるようになった。その言葉の裏には、長岡自身のこのような設計思想と経営感覚が根ざしているのである。

禁制札を立てる長岡の提案

いま、公園は禁止されたことばかりで何もできない、などという人がいる。実際はそうでもないし、十カ所も公園を巡ってみればそれもわかるが、確かに禁止事項は、公園に限らないものも含め少しはある。実はこれは現代の公園に限らず、公園黎明期である明治期にも、長岡は禁制札を立てることを指示していた。禁止事項は公園施設の破損や事故、迷惑行為につながることがらについて、それをする人がでてくることが予想される、もしくはする人がいたから定められるものだから、いったん決められてしまえば、解除はむずかしいだろう。法令で決められていることなら改正してしまえば終わりだが、立て看板に書かれるような、公園は何もできないと印象づけてしまうローカルルールはなかなかやめられない。

本来街のなかにあって例外的にほぼ何でもできる公園という空間に、ローカルルールとして新たな禁止事項一項目を増やさないために必要なことは、無神経な行為をしたり、神経質に迷惑を訴えたりして、自分たちで利用の幅を狭めないようにするモラルだけである。

日比谷公園の設計者で林学者の本多静六は、文明開化にわく時代の日比谷公園の開園にあたって、夜間は花の盗掘のおそれがあるのではないかという意見に対して、そのようなことが起こらない公徳を日本国民は獲得しなければならないと反論した。しかし明治期長岡が、新しい、誰も使い方を知らない公園という空間を、誰もが安全で円滑に利用できるように立てた禁制札が、現代もある意味で使い方を知らない人たちのための注意書きとしてつづいているのは皮肉である。

しかし現代に共通するのはこのようなことだけではもちろんなく、誰でもはいることができて、誰でも使うことができる公開性や平等性は長岡がもっとも重視したことだった。環境や文化財の保全や改善を公園に求めることもすでに長岡は指示をしていたし、運動や観劇、奏楽、動植物園のほか、公園内に飲食店やカフェ、ホテルをつくって観光資源にしてしまうなど、昨今よく話題になるレクリエーション面もかなり充実していた。誰もが公園を安全に楽しめるように段差をなくしたり、傾斜を緩くしたりするという考え方はユニバーサルデザインの基本だが、これもすでに明治時代に持っていた。まさに長岡の先見性と的確性、そしてなによりも長岡が公園の意味と必要性を明快に理解していたのがわかる。

しかし長岡の時代から断絶していたこともある。公園の経営である。先のとおり長岡は公園で収入をえることを当然のように設計に盛りこんでいたし、東京では井下清の時代に至って公園の独立会計をなしとげた。これを可能にしたのは東京という大人口を抱えた地域だったことが大きい理由のひとつだろうし、何よりも浅草公園に代表される寺社境内を公園としたことによる集客力がなければ成り立たない。第二次大戦後は政教分離によって浅草公園は廃止、そのほかも公園地を減少され独立会計も解消された。

しかし公園が自ら収入をえて維持管理をしている時代が、明治時代からすでにあったことを忘れてはならない。東京府が公園選定令発布を受け、営繕会議所に管理費を相談したときは純粋な税金による公園管理を理想としていたが、これに反して地代収入による管理を余儀なくされた。結果としてこれは大成功となり、一方で当初の理想が実現された戦後の仕組み、つまり現代につづく税金による管理は立ちゆかなくなってきている。

「富や報酬をもとめない職業」

長岡安平の業績と思想を振り返ってみると、明治時代にすでに現代に通じる先進的な面を持っていたことと、いま読んでも新鮮さを保っていることに驚かされる。

戦後これまでは公園を増やすことを必死で目指した量を求める時代だったが、近年はできた公園をいかに効果的に利用していくかという質の時代に変わっている。明治時代に考えられていた経営へとふたたび目が向けられ始めたが、公園が単なる舗装された広場でもできることで賑わうのではなく、その先に、あるいは賑やかさを求める原点に、利用だけでなく、良質な植物と大気と土壌と、それらによってつくられる美しい景観、そこで誰もが楽しむ情景という公園の質の向上があるように心がけたい。

長岡安平は自身が人生を投じてきたランドスケープアーキテクトとしての仕事について、「この業によって富をえようと思うものは断然思いとどまるほうがよい。われわれは庭の設計ならびにその築造によって自分の希望がいれられ、また自分の抱負が実現された作品をつくることに大いなる歓喜があるのであって、報酬をえんがための事業であってはならない」（『祖庭　長岡安平翁造庭遺稿』）といっている。


（了）

あとがき

『祖庭　長岡安平翁造庭遺稿』は、安平翁の業績や考え方を幅広く収録し、わかりやすくまとめているのでこれまでいくつもの研究や調査のよりどころとなってきた。実際私も比較対象や出典として、たいへんなお世話になっている書籍である。これだけまとまった資料で、しかも遺稿という翁自身の言葉を収録したものだから、長岡安平のことを知る「唯一のまとまった資料」として紹介され、安平翁のことは一定程度明らかになったとされたのか、平成十年ごろの盛り上がりのあとしばらく沈黙の期間があった。

そのようななか、芝公園紅葉滝復原計画の仕事に携わったとき、遺稿集以外の史料に手をつけない違和感があり、まずは手記を翻刻することとした。東京グリーンアーカイブスには、安平翁の家族から寄贈された遺品八百点あまりが収蔵されている。このなかに十二冊の手記があり、存在自体は以前から知られていたのだが、明治の人の私的な記録なので読める文字ではなく置き去りにされていたのである。

それから遺品に限らず広く史料をあたってみた。結果、遺品の十二冊におよぶ手記と、各地の図書館や公文書館、博物館で大切に保管された設計書類、そして経歴を知るうえでは東京都公文書館の人事関係記録が新たなことがらを多く教えてくれた。より詳しく知りたい方は、著者による日本造園学会誌「ランドスケープ研究」所収の一連の論文をご参照いただければ幸いである。

安平翁の業績は全国に広がるといっているが、実は出身地である九州地方での設計がみられない。生活の拠点である東京に設計業績が多いのはわかるが、秋田県や広島県、北海道とのつながりが強いほか、東北、北陸、関東、東海、甲信越、四国にも業績を広く残している。それなのに近畿はほぼなく、出身地九州にはいまのところみつかっていない。不思議なことだと思うが、そもそもでは全国へと業績を広げるきっかけとなった秋田県千秋公園の設計を、なぜ安平翁がやることとなったかということもまだわかっていないのである。

千秋公園をなぜ手掛けたかということのほか、もう二つ根本的なことがまだ明確にはわからない。それはなぜ楠本正隆につきしたがうこととなったのか、なぜ東京府で公園業務に携わることとなったのかである。このことは本文でも少し触れたが、まだ推測の域をでない。東京府にはいってからは芳川顕正や山縣閥の面々との関係が少しずつわかってきている。

ほかにもひとつ地道な作業がある。翁の設計が各地でどれだけ実現したか、ということである。設計したことが確かでも、すべて実現したのか、部分的だったのか、それとも実現されなかったのか、これを調べるのは意外と骨が折れる。ここまでやってきたので、私のライフワークとしてひとつひとつ明らかにしていきたい。

平成二十七年（二〇一五）は長岡安平翁の没後九十周年で、遺品史料を所蔵する東京都公園協会での遺品図面集執筆や企画展の監修をさせていただいた。また企画展のご縁では、安平翁の出身地長崎県東彼杵町から講演の機会もいただき、私としても充実した年を送らせていただいた。東彼杵町での講演をきっかけに、このたび本書をまとめるお話もいただけたことは光栄である。

長岡安平翁でつながっていくご縁に感謝するしだいである。

長岡安平関係の年表

年	年齢	ことがら	業績	関連事項
一八四二	一	長崎・彼杵で誕生		
一八六八	二七			神仏分離令 明治維新 神戸外国人居留地にグラウンド設置（のちの東遊園地）
一八七〇	二九	楠本正隆にしたがい上京		横浜外国人居留地に山手公園開園 ボードウィン上野に公園開設を建議
一八七一	三〇			上知令 古器旧物保存方
一八七二	三一	楠本新潟県令となるにしたがい同行		銀座大火 楠本正隆新潟遊園を開設
一八七三	三二			廃城令 公園選定令
一八七四	三三	いったん帰郷		地租改正
一八七五	三四	楠本東京府権知事となるにしたがい上京		

一八七六	三五			東京府土木掛設置
一八七八	三七	東京府土木掛勤務 東京府土木課勤	飛鳥山公園設計・サクラ植栽（東京） 皇居濠ヤナギ並木挿木（東京）	東京府土木課設置
一八七九	三八	東京府御用掛任用		
一八八〇	三九	東京府庶務課勤務	浅草公園六区埋立（東京） 仲見世整理（東京）	
一八八四	四三	大村公園へサクラ寄贈		東京府庶務課公園掛設置
一八八六	四五	東京府属庶務課勤務		東京府庶務課公園部設置 東京府第一部庶務課公園掛設置
一八八九	四八		坂本町公園改良設計（東京）	東京市区改正旧設計公示
一八九〇	四九	第二課勤務		東京府内務部第二課設置
一八九六	五五		千秋公園設計（秋田）	
一八九八	五七	東京府非職 東京市地理課勤務		東京市役所設置 東京市土木部地理課設置
一八九九	五八		比治山公園設計（広島） 江波公園設計（広島） 島通修氏庭園設計（広島） 得能善兵衛氏庭園改修設計（広島）	
一九〇〇	五九	東宮御慶事奉祝準備委員		

		十月 疾病により地理課を依願免職		
一九〇一	六〇	九月 東京市臨時雇工務課勤務 東京府非職満期		東京市土木部工務課設置
一九〇二	六一	臨時雇を依願免職 逓信省営繕係勤務	逓信大臣官舎庭園設計（東京） 横手公園設計（秋田） 横手公会堂庭園設計（秋田） 能代山本公園設計（秋田） 秋田市倶楽部庭園改修設計（秋田） 斎藤萬蔵氏別邸庭園改修設計（秋田） 塩田團平氏庭園設計（秋田） 掛札久右衛門氏庭園設計（秋田） 斎藤養助氏庭園設計（秋田） 長沼光鎵氏庭園設計（秋田） 武藤吉右衛門氏庭園改修設計（秋田） 高橋慶蔵氏庭園改修設計（秋田） 福岡利兵衛氏別邸庭園設計（秋田） 加賀屋質商庭園設計（秋田） 辻兵吉氏庭園設計（秋田） 土田彦七氏庭園設計（秋田）	

一九〇三	六二	彼杵へ帰省	厳島公園設計（広島） 練兵場戦死者祈念碑庭設計（広島） 比治山公園改修設計（広島） 赤十字社支社庭園設計（広島）	東京市庶務課設置 東京市区改正新設計公示
一九〇四	六三	東京市庶務課公園事務嘱託	得能善兵衛氏庭園設計（広島） 青山長祐氏庭園設計（京都）	
一九〇五	六四		浅草公園滝設計（東京） 芝公園紅葉滝設計（東京）	
一九〇六	六五		岩手公園設計（岩手）	
一九〇七	六六		角筈銀世界を芝公園へ移転（東京） 中島公園設計（北海道） 円山公園設計（北海道） 江畑新之助氏庭園設計（秋田）	
一九〇八	六七		足羽山公園設計（福井） 青森公園設計（青森） 八戸公園設計（青森） 逓信省朝鮮官舎庭園設計（朝鮮） 芝公園内改良設計（東京） 両国公園設計（東京）	
一九〇九	六八		高知公園設計（高知）	

	一九一〇
	六九
	長男隆一郎結婚
五台山公園設計（高知） 足羽山公園第二設計（福井） 三秀園設計（福井） 物産陳列所設計（福井） 鯖江宿公園地設計（福井）	土崎公園設計（秋田） 公園設計（秋田） 兼六公園改修設計（石川） 卯辰山公園設計（石川） 花園公園設計（北海道） 手宮公園設計（北海道） 公会堂・運動場設計（北海道） 大宮公園設計（静岡） 伊勢崎公園設計（群馬） 深川公園改修設計（東京） 那波三郎右衛門氏庭園設計（秋田） 那波三郎右衛門氏別邸庭園設計（秋田） 池田礼治氏庭園設計（秋田） 高橋氏庭園設計（秋田） 土田万助氏庭園設計（秋田） 寺田隆造氏庭園設計（秋田）

	一九一一
	七〇
小池氏庭園設計（東京） 渡辺兵四郎氏庭園設計（北海道） 藤山要吉氏庭園改修設計（北海道）	盛岡銀行庭園設計（岩手） 兵営中偕社庭園設計（岩手） 小倉公園設計（岐阜） 兼六公園改修設計（石川） 千秋公園改修設計（石川） 金照寺山公園設計（秋田） 八橋公園設計（秋田） 赤十字社支社庭園設計（秋田） 館花公園設計（秋田） 真人公園設計（秋田） 高岡公園設計（富山） 鑁阿寺境内設計（栃木） 深川商船学校庭園設計（東京） 島通修氏庭園設計（広島） 金田一勝定氏庭園設計（岩手） 大矢馬太郎氏庭園設計 池田礼治氏庭園設計（秋田） 江畑新之助氏庭園設計（秋田）

一九一二	七一	彼杵へ帰省	樗谿公園設計（鳥取） 加茂町公園設計（新潟） 住吉神社神苑設計（山口） 熱田神社設計（愛知） 厳島設計（広島） 江畑新之助氏庭園設計（秋田） 池田礼治氏庭園改修設計（秋田） 池田文太郎氏庭園設計（秋田） 加賀谷長兵衛氏庭園設計（秋田） 松平頼寿氏別邸庭園設計（東京） 池田仲博氏庭園設計（東京） 竹内明太郎氏庭園設計 鮫島武之助氏庭園設計（東京） 津村十舎氏別邸庭園設計（東京） 曽祢男爵記念碑設計（神奈川）	
一九一三	七二	彼杵へ帰省	住吉神社神苑設計（山口） 舞鶴公園設計（山梨） 太田公園設計（山梨） 躑躅崎公園設計（山梨） 養老公園設計（岐阜） 警務部長官舎庭園改修設計（山梨）	

一九一四	七三	東京市公園事務嘱託解任	虎ノ門公園竣工（東京） 数寄屋橋公園竣工（東京） 今戸公園竣工（東京） 相馬順胤氏庭園設計（東京）	
一九一五	七四		呉市公園設計（広島） 湯島公園養老滝及渓流新設（東京） 白河南湖公園改修設計（福島） 靖国神社神苑改修設計（東京） 徳川家達氏庭園設計（東京） 辰沢延次郎氏庭園設計	
一九一六	七五		百花園改修設計 常盤神社神苑設計（茨城） 尾崎三良氏庭園設計 多久龍三郎氏庭園設計 佐久間鉄園氏別邸庭園設計（神奈川） 湯河元臣氏庭園設計（東京） 下岡忠治氏庭園設計（東京）	
一九一七	七六		悠久山公園設計（新潟） 明石公園設計（兵庫） 田健治郎氏別邸庭園設計（東京）	

			山田真矢氏庭園・別邸設計	
一九一八	七七		磯部保次氏別邸庭園設計（神奈川） 菊池氏庭園設計（埼玉）	
一九一九	七八		桜木町駅前設計（神奈川） 敦賀公園設計（福井） 松平斉光氏庭園設計（東京） 土田氏別邸庭園設計（東京） 戸村氏庭園設計（東京） 大橋新太郎氏庭園・別邸庭園設計 金沢松右衛門氏別邸庭園設計（秋田） 吉野十郎氏別邸庭園設計（神奈川）	
一九二〇	七九		八戸公園設計（青森） 秋田県公会堂庭園設計（秋田） 服部金太郎氏別邸設計（東京） 正田氏庭園設計（東京） 池田龍一氏庭園設計 伊藤博文公墓前改修設計（東京） 高松義人氏庭園設計	
一九二一	八〇		台ノ湯温泉地設計（岩手） 細川力蔵氏庭園設計（東京）	

一九二二	八一		山本公園（秋田）	
一九二五	八四	永眠	土田万助氏庭園設計（東京）	

図版

まえがき

晩年の長岡安平（東京都公園協会）

第一章

四十歳ころの長岡安平（東京都公園協会）
長岡安平生家付近の風景（東彼杵）（著者）
楠本正隆（東京都公園協会）
楠本正隆顕彰碑（〃）
長柏園記念碑（著者）
秋田公園千秋園（東京都公園協会）
長岡安平による献檜樹百本の碑（著者）
開園当時の千秋公園（二枚）（東京都公園協会）
千秋公園の現景（二枚）（著者）

第二章

東京市区改正旧設計新設計対照図（東京都公園協会）

第三章

明治三十九年の鉄道網（日本鉄道史　中篇）

坂本町公園改良之図（東京都公園協会）
日比谷公園計画図（案）一（〃）
日比谷公園計画図（案）二（〃）
芝公園内瀑布設計図（〃）
芝公園二十五号地日本庭園設計案（〃）
日比谷公園計画図（案）三（〃）
江波公園設計図（〃）
比治山公園設計図（〃）
岩手県公園設計図（〃）
合浦公園設計図（〃）
札幌大通火防線内樹木植栽設計図（〃）
高岡公園設計図（〃）
白河南湖公園改修設計原図（〃）
明石公園第二設計図（〃）
日比谷公園計画図（案）四（〃）
厳島公園設計図（〃）
呉市公園設計図（〃）
敦賀郡松原村松原公園設計図（〃）
竣工時の芝公園紅葉滝（〃）
芝公園紅葉滝の現景（著者）

第四章

池田邸庭園設計図（東京都公園協会）
往時の池田邸庭園の池（〃）
幼少の徳川幹子ら兄弟（大正八年原宿邸にて）（私はロビンソン・クルーソー）
往時の池田邸と松（東京都公園協会）
帰省当時の彼杵宿（『水と緑の道　東彼杵町誌』）

第五章

靖国神社境内改良設計図（東京都公園協会）
靖国神社旧馬場改良設計図（〃）

第六章

永眠の日（東京、土田邸にて）（遺稿集）

参考文献

前島康彦編『井下清先生業績録』（井下清先生記念事業委員会　九七四）
『長岡安平関係資料調査および翻刻集』（東京都公園協会平成　二〇一三）
長岡安平顕彰事業実行委員会編『祖庭　長岡安平―わが国近代公園の先駆者』（東京農大出版会　二〇〇〇）
井下清『祖庭　長岡安平翁造庭遺稿』（文化生活研究会　一九二六）
『新撰士系録』（大村市立図書館蔵）
藤野保編『大村郷村記（第三巻）』（国書刊行会　一九八二）
大村市史編さん委員会編『新編大村市史　第三巻近世編』（大村市　二〇一五）
外山幹夫『もう一つの維新史―長崎・大村藩の場合―』（新潮社　一九九三）
篠田正作編『明治新立志篠』（鐘美堂　一八九一）
江下以知子『造園家長岡安平の官歴と首都東京―逓信省移籍と市区改正』（日本建築学会関東支部報告集　二〇一七）
野中勝利『近代の秋田（久保田）城址における公園設計・改良設計後の秋田県による公園整備の経過』（ランドスケープ研究　二〇一五）
『長岡安平手記翻刻』（東京都公園協会　二〇一二）
田中正大『日本の公園』（鹿島研究所出版会　一九七四）
藤森照信『明治の東京計画』（岩波書店　一九八一）
小野良平『公園の誕生』（吉川弘文館　二〇〇三）
『東京の公園―その90年のあゆみ―』（東京都建設局公園緑地部　一九六三）
『長岡安平の残した設計図―わが国ランドスケープの嚆矢』（東京都公園協会　二〇一五）
野中勝利『近代の徳島城址における公園化の背景と経過』（都市計画論集 Vol.50 No.1　二〇一五）
『日本鉄道史　中編』（鉄道省　一九二一）
徳川幹子『私はロビンソン・クルーソー』（茨城県婦人会館　一九八四）
長岡隆一郎『官僚二十五年』（中央公論社　一九三九）

著者略歴

浦崎　真一（うらさき　しんいち）

1979年・奈良県生まれ
2007年大阪芸術大学大学院修了　博士（芸術文化学）
大阪芸術大学大学院嘱託助手、公益財団法人東京都公園協会を経て現在は株式会社公園マネジメント研究所研究員。大阪芸術大学建築学科非常勤講師。専門は環境芸術学、造園史学。神社の空間構成についての研究で学位を取得後、東京都公園協会在職中に長岡安平史料群に着目し、手記翻刻をきっかけに長岡安平研究を進める。
東京都公園協会発行『長岡安平の残した設計図－わが国ランドスケープの嚆矢』(2015)執筆担当、論文に「奈良県の旧官幣大社における立地環境と空間構成の関係」、「都立文化財庭園の維持管理に係る現状変更と維持の措置について」、「長岡安平の公園設計書にみる着眼点の傾向と設計思想」など多数。2017年に「長岡安平による公園設計の実績と思想に関する研究」で日本造園学会研究奨励賞受賞。

長崎偉人伝

長岡安平

発行日	2017年12月1日　初版第1刷
著者	浦崎　真一（うらさき　しんいち）
発行人	片山　仁志
編集人	堀　憲昭
発行所	株式会社 長崎文献社 〒850-0057　長崎市大黒町3-1　長崎交通産業ビル5階 TEL095-823-5247　ファックス095-823-5252 HP:http://www.e-bunken.com
印刷・製本	株式会社 インテックス

ISBN978-4-88851-284-8　C0023